LA CUSTODIA COMPARTIDA
EN ESPAÑA

LA CUSTODIA COMPARTIDA EN ESPAÑA

Diego Becerril y Mar Venegas

(Coordinadores)

Prólogo de *Manuel Altava Lavall*

Dykinson, S.L.

Colección "Paz y Conflictos"
Director: Francisco Jiménez Bautista

Este libro ha sido sometido a evaluación por parte de nuestro Consejo Editorial
Para mayor información, véase *www.dykinson.com/quienes_somos*

Editorial DYKINSON, S.L. Meléndez Valdés, 61 - 28015 Madrid
Teléfono (+34) 91 544 28 46 - (+34) 91 544 28 69
e-mail: info@dykinson.com
http://www.dykinson.es
http://www.dykinson.com

ISBN: 978-84-9148-140-9
Depósito Legal: M-6497-2017

Preimpresión por:
Besing Servicios Gráficos S.L.
e-mail: besingsg@gmail.com

ÍNDICE

PRÓLOGO

Demos tiempo al tiempo:
para que el vaso rebose
hay que llenarlo primero

(Antonio Machado)

Si es cuestión de tiempo, ya ha pasado demasiado,...

Que los tiempos han cambiado no es una novedad para nadie y que la institución que se aborda en la presente monografía necesita de una distinta y moderna regulación, también.

El matrimonio es una institución civil y de derecho subjetivo, así reconocido por el artículo 32.1 de nuestra Constitución española, que además complementa el propio desarrollo de la personalidad. Antiguamente se le consideraba institución preordenada a la procreación que tenía valor *per se* en cuanto servía para tener descendencia. En la actualidad, ha cambiado ese aprecio social donde prima sólo el interés de los cónyuges por estar juntos, por vivir juntos y en tanto en cuanto exista ese interés, pervivirá la relación, pudiéndose disolver cuando para algún miembro de la pareja deje de satisfacerle el mismo.

El papel que asume el Estado respecto a la relación es en calidad de sujeto pasivo de la recepción de la manifestación de la voluntad de los cónyuges exigiendo como elemento esencial de la validez del acto una manifestación formal y solemne de esa voluntad. Se configura así como garante de la plena capacidad de saber, querer y entender de los cónyuges, trascendencia de que la voluntad que públicamente se manifiesta se otorga libre y conscientemente. De hecho, tan importante es ese acto que incluso se hace constar como nota marginal en el libro del Registro civil: esto es, el libro personalísimo donde constan los hechos más íntimos de las personas.

En esa recepción de la voluntad por parte de los contrayentes en un matrimonio civil o en cualquier otra forma de matrimonio aprobada por el Estado (*ex* artículo 32.2 Constitución española) ha habido una importante evolución pudiendo recibirla en un primer momento Jueces y sacerdotes o pastores hasta después Alcaldes (Ley 35/1994, de 23 de diciembre, de modificación del Código

Civil) y, recientemente, Notarios (Ley 15/2015, de 2 de julio, de la Jurisdicción Voluntaria).

De esta manera, se corrobora que nuestra legislación mantiene la línea de preservar el principio de la autonomía de los particulares en línea con un Código Civil liberal de marcado principio espiritualista sin entrar el Estado más que a ser garante de esa manifestación de la voluntad. Por ello, si alguien en el seno de su libertad decide tener hijos es porque desea vivir, convivir con ellos y la ley, una ley justa no puede prohibir esa convivencia. A ese fin tiene que conducir toda la legislación en la materia, máxime cuando además frente a la anterior presunción de que sólo eran hijos los nacidos dentro del matrimonio hoy existen plenamente consolidadas otras dos presunciones: la biológica y la voluntad libre y consciente de asumir la patria potestad de otro (adopción, etc.).

Prologar a unos amigos no es fácil porque puedes incurrir en la fácil y nada creíble adulación o en la crítica más inclemente con el fin de poder aportar otros puntos de vista. Si escribir sobre cualquier materia es siempre arriesgado, hacerlo sobre algo que afecta a la naturaleza humana y al desarrollo de la personalidad, es todavía más.

Por ello, en primer lugar, felicito a los Dres. Becerril Ruiz y Venegas Medina la dirección de este estudio y su implicación en conseguir una sociedad mejor y, por ende, más justa, agradeciéndoles asimismo que hayan tenido la deferencia de invitarme a que la prologue con diez artículos que tienen el común denominador de ilustrar y apartar muchos miedos y reticencias que todavía sigue manteniendo la implantación en nuestro país de la crianza compartida. Y, asimismo, les debemos reconocer que, como comprobará el lector o investigador, los autores abordan la institución de una manera directa, sin tapujos, con convencimiento y sin miedo a herir pasiones a fin de exponer con claridad que la crianza compartida o comúnmente conocida como la custodia compartida, es una institución que debe ser la ordinaria en la relación entre hijas e hijos con sus madres y padres separados o divorciados, empeño en el que muchas y muchos estamos implicados.

Estudiosos y muy conocedores en la materia unen pues sus investigaciones en este trabajo para adentrarnos y explicarnos puntual y acertadamente todas las cuestiones sociológicas y jurídicas que afectan a la custodia compartida tanto en nuestro derecho interno como en el derecho comparado. Así, dan respuesta desde un punto de vista integral a todos los interrogantes que pueden plantearse a las relaciones familiares respecto a la atención de los hijos como son desde el empleo laboral de los padres hasta los mitos que existen, aspectos psicosociales de la misma, cómo se trata por la legislación tanto de derecho interno foral y nacional o de derecho extranjero, la importancia de la mediación en la resolución de los conflictos y lo que defienden y proponen las Asociaciones y colectivos ocupados en una modificación legal más acorde con nuestro tiempos.

El desarrollo histórico y la progresiva complejidad de la organización social ha traído consigo un cambio que supera el modelo tradicional de familia. Por ello, las instituciones, y los poderes públicos de manera muy principal deben apoyar los actuales modelos de familia. Y hago hincapié en que se trata de apoyar, no de intervenir, dado que nos estamos refiriendo a una institución íntima del individuo que debe conservar el máximo respeto dada la autonomía organizativa y las libertades individuales de que gozan sus miembros. De esta manera, ese apoyo público debe ser considerado como un deber de justicia en reciprocidad a la contribución que la familia tiene con la sociedad. Se debe dar el apoyo necesario a la maternidad y al cuidado de personas dependientes, se ha de mejorar la integración familiar de las personas mayores; hay que conseguir la conciliación entre el trabajo y la familia; y se han de reducir al mínimo los perjuicios que se causan en procesos de desintegración familiar y que en particular afecta a los miembros más vulnerables de la familia, las hijas y los hijos, buscando siempre el *favor filii* de los menores.

Desde que en 1981 se aprobó en España la Ley 30/1981, de 7 de julio, por la que se modificaba la regulación del matrimonio en el Código Civil y se determinaba el procedimiento a seguir en las causas de nulidad, separación y divorcio, regulándose así estas figuras jurídicas en nuestra moderna democracia, se ha puesto de manifiesto que las disoluciones matrimoniales son una realidad que exige de una nueva regulación. La Ley 15/2005, de 8 de julio, por la que se modificaron el Código Civil y la Ley de Enjuiciamiento Civil en materia de separación y divorcio, sigue regulando un divorcio por etapas: primero se accede al divorcio, después se resuelve sobre la custodia de los hijos y más adelante, y casi siempre con conflicto, la liquidación de los bienes y del patrimonio. Esto es, existe una judicialización del conflicto que es precisamente lo que hay que soslayar en evitación de la suplantación de los derechos del niño por un tercero, el Juez, que quiérase o no, si no se ha llegado a un acuerdo previo y anterior, dictará la decisión que también afectará a los menores, más o menos acertada, y que todos deberán cumplir.

Recalcando la importancia de la familia como motor de la sociedad y siendo necesario que las hijas e hijos crezcan en una situación de normalidad, la custodia compartida es el modo de relación idóneo que se establece tras la ruptura de una pareja con hijos en el que se determina que los menores serán atendidos por ambos progenitores en función de las posibilidades de cada cual –marcadas fundamentalmente por los horarios laborales y con independencia de que el tiempo de las estancias en los respectivos domicilios de los padres sea fijado por horas, días, semanas, meses o años–, contribuyendo ambos en el esfuerzo económico para sufragar las necesidades de los hijos en función de las posibilidades económicas de cada uno, bien sea asumiendo directamente determinados gastos (escolares, sanitarios, etc.) o bien contribuyendo proporcionalmente del modo que se estime razonable. Es pues la situación legal mediante la cual, en caso de separación matrimonial o divorcio, ambos progenitores ejercen la custodia legal de sus hijos menores de edad, en igualdad de condiciones y de derechos sobre los mismos, encargándose ambos ascendientes de forma conjunta, periódica o rotatoria del cuidado, atención y educación de sus hijas e hijos, facilitando así un mejor encaje de la nueva situación familiar a cada menor y el mantenimiento de los lazos de afectividad con ambos progenitores y su familia extensa. De esta manera, por ello, más que de custodia compartida, la institución se configura como de crianza compartida, término que a mi entender refleja mucho mejor la institución que certeramente nos exponen los autores.

En los países europeos más avanzados, como Alemania, Francia, Reino Unido o Italia, la ley recomienda incluso que los jueces acuerden esa crianza compartida de los hijos en el caso de que el matrimonio no haya llegado a un acuerdo tras separarse. Por tanto, nos parece muy razonable que el futuro pase porque, desde el primer momento, como se pone de manifiesto en el volumen, legislativamente se regule tanto una custodia conjunta en la que el menor pueda estar viviendo indistintamente con uno u otro progenitor asumiendo ambos conjuntamente facultades hasta en las cuestiones más minuciosas de la vida diaria (derecho italiano) como una custodia alterna en la que la guarda del menor se determine por periodos temporales prefijados con cada uno de los progenitores y en los que la primacía para dirigir el proceso educativo corresponde al progenitor custodio (residencia alternativa del derecho francés), disfrutándose tanto en un único domicilio familiar al que se trasladan uno y otro progenitor sucesivamente como en dos viviendas separadas siendo los menores los que se trasladan al domicilio de sus padres y, siendo los períodos temporales mediante un sistema de alternancia por tiempo inferior a la semana o incluso diario u otras alternancias semanales, quincenales, mensuales o por curso escolar. Y, no hay ningún estudio que ponga de manifiesto que *per se* la alternancia de hogares sea perjudicial. Los que no nos adaptamos somos los mayores, ellos, los niños, solo quieren estar y convivir pacíficamente con sus padres.

Por ello, debemos realizar una doble reflexión social: por una parte, la legislación ha de contribuir, incorporando una perspectiva de género, a la superación de patrones sexistas en todos los órdenes donde no se premie con el cuidado de unos hijos comunes a un progenitor sobre otro por el mero hecho de tener un determinado género; y, por otra parte, nuestra sociedad ha de asumir y aplicar efectivamente las previsiones de la Carta Europea de los Derechos del Niño, adoptada por Resolución del Parlamento Europeo de 8 de julio de 1992, cuando manifiesta que "Todo niño tiene derecho a gozar de sus padres. El padre y madre tienen una responsabilidad conjunta en cuanto a su desarrollo y educación…", "En caso de separación de hecho, legal, divorcio o nulidad, el hijo tiene derecho a mantener contacto directo y permanente con los dos padres, teniendo ambos las mismas obligaciones" (arts. 8; 11 y 13 de la citada Carta).

Así pues, establecer la preferencia de la crianza o custodia compartida, como se hace en los países europeos más avanzados, favorece el interés superior de los hijos, promueve la igualdad entre los progenitores y reduce la litigiosidad. El otorgamiento de la custodia a uno solo de ellos, en muchas ocasiones, acrecienta los conflictos debido a la desigualdad que se genera en el ámbito de las relaciones con los hijos.

En la actualidad, además, en España hay una importante demanda social que reivindica un cambio del esquema tradicional de custodia al configurarse la crianza compartida frente a la individual como norma preferente en los supuestos de ruptura de la convivencia entre los padres y en ausencia de pacto de relaciones familiares, instrumento como es el del contrato prematrimonial por el que siempre he abogado pues creo que supone tanto la prevención como la solución a muchos de los problemas que se plantean.

¿Es que en una relación, si ambos progenitores de común acuerdo deciden engendrar o adoptar un hijo, después, por mor de la ruptura de esa relación, ya no son buenos para criar a ese hijo que libremente han decidido tener los dos miembros de la relación? En un Estado moderno, ¿alguien puede creer que una pareja puede decidir tener un hijo pero que, después caso de separación o divorcio, no pueden decidir sobre su educación más que si permanecen de por vida juntos? La custodia compartida se refiere a los hijos, a nuestros hijos. En nuestra vida ¿a quién queremos más? ¿Si alguien de nosotros se separara o divorciara, daríamos un mal ejemplo, una mala formación a nuestros hijos? Por el mero hecho de haberse roto el vínculo conyugal ¿se estaría incapacitado para seguir demostrando el cariño hacia nuestros hijos? Sabemos que les daríamos el mejor ejemplo, la mejor formación, el mejor cariño y el mejor cuidado. Y eso, seamos tanto el padre como la madre.

Si el apego a los hijos es igual por ambos progenitores a sus hijos existente el matrimonio, después persiste exactamente igual. La única ruptura que se produce es la del vínculo matrimonial pero nunca la del cariño a los hijos. Y los hijos, necesitan la ayuda tanto de su madre como de su padre. ¿A alguien habrá que convencer que la mejor formación para los hijos es tener el referente de su padre y de su madre?

Y, además, este sistema de custodia compartida o de responsabilidad compartida es el que reclaman las múltiples Asociaciones civiles –compuestas por madres y padres– que hay al respecto que exigen del legislador una regulación común de una custodia equitativa por parte de ambos progenitores. De todo ello, se debe inferir que la custodia compartida no se puede configurar como cuestión de ideologías o siglas partidistas, es cuestión de cariño hacia los hijos que se han engendrado o adoptado; de querer estar con ellos; verles crecer; poderles ayudar,...

Si cada persona es el resultado del esfuerzo propio aplicado con perseverancia hacia la comprensión y dominio de una ciencia, arte o técnica, cada familia debe ser fruto de la consecución del bienestar para todos y cada uno de sus miembros, se encuentre en la situación que se encuentre: padre, madre, hija o hijo. A conseguir ello se debe empeñar la legislación y los aplicadores del Derecho, logrando una justa interpretación y aplicación de la norma en interés y bienestar de nuestras hijas e hijos. Y a lograr este fin, contribuye de manera determinante la presente compilación.

Manuel-Guillermo Altava Lavall

Presidente de la Comisión de Justicia en el Senado de España
Magistrado excedente. Doctor en Derecho
Académico Correspondiente de la Real Academia de Jurisprudencia y Legislación

INTRODUCCIÓN

Hace casi cinco años que en el Departamento de Sociología comenzó a trabajarse un campo que suponía el estudio y análisis de distintas perspectivas relacionadas con la custodia de menores tras la ruptura de parejas. Este tema entroncaba con una línea de investigación, mucho más veterana, donde el divorcio y la familia eran un eje central de un nutrido grupo de investigadores en este Departamento. Por ello fue lógica la continuidad en el acercamiento a una realidad que demandaba atención, como era la custodia compartida.

En esos momentos apenas existían en España referencias específicas sobre custodia compartida, si eludimos los artículos jurídicos sobre la cuestión. Esto nos condujo a realizar contactos con otras universidades y centros de investigación para alentar e intercambiar los progresos que los investigadores realizábamos.

Fruto de esta dinámica investigadora han sido distintos trabajos que se han presentado en congresos y artículos o capítulos que se han publicado en distintas revistas. En este sentido, uno de los puntos de encuentro principales que hemos tenido ha sido la celebración de dos Jornadas sobre Custodia Compartida en España, celebradas en la Universidad de Granada en los años 2013 y 2015. Estas Jornadas nos sirvieron para tener un contacto directo entre los analistas y, sobre todo, dar difusión a una cuestión que preocupa e interesa a la sociedad, como bien demostró la afluencia de público a las Jornadas.

Dicho esto, puede comprenderse mejor que sea un placer coordinar y presentar este monográfico. En primer lugar, al tratarse de un tema de plena actualidad como es el de la custodia de los hijos cuando una pareja se separa. En un momento de transformación social, donde muchas parejas dejan de ser para toda la vida, y la libertad para iniciar y terminar relaciones afectivosexuales aumenta, era consecuencia inevitable que se incrementaran los fenómenos sociales relativos a la guarda y custodia de los hijos y la corresponsabilidad parental. Es una cuestión clave la custodia, que en este libro se plantea desde la óptica de que sea compartida entre el padre y la madre, esto es, lo que llamamos custodia compartida, un aspecto social que viene incrementándose desde la última legislación en torno al divorcio, hace ya más de una década (2005).

Ahora bien, el ascenso de la custodia compartida no se debió tanto a la reforma del 2005, sino a la concienciación y reformas legales autonómicas. De hecho, la reforma del 2005, si bien incluyó en su regulación este tipo de custodia, añadió tantas precauciones y obstáculos que casi hubiera sido mejor que no se hubiera contemplado. Es más, algunas de las cortapisas que incluyó, como el informe favorable obligatorio del fiscal, se demostraron incluso inconstitucionales, y todavía se arrastra, de aquella reforma, la condición de excepcional de las custodias compartidas sin consenso. Si ha existido progreso ha sido por varios factores. De un lado la cada vez mayor concienciación de las parejas, que han entendido la necesidad, por el interés del menor, de ser corresponsables. De otra parte, este impulso social ha sido bien interpretado especialmente por el Tribunal Supremo, que ha defendido y corregido muchas veces sentencias para otorgar y favorecer las custodias compartidas. La práctica jurídica, por su parte, ha demostrado que es una solución válida y positiva, sobre todo si se impulsa desde unos acuerdos que pasen por una mediación en donde todas las partes ganen. Y, por último, pero no por ello menos relevante, existen un conjunto de Comunidades Autónomas que han regulado la situación de los hijos tras la ruptura, como es el caso de Aragón o Cataluña, registrando éstas los máximos porcentajes de custodias compartidas.

El enfrentarse a la ruptura deriva de la presencia constante de ciertos indicadores de divorcio en España, que sin ser de los más altos de Europa se han situado en una posición media, por encima, eso sí, de lo registrado en el arco mediterráneo europeo. Este divorcio conlleva la necesidad de hacer frente a la custodia e igualmente, la necesidad de construir, definir y abordar este problema social desde diversos ámbitos de las Ciencias Sociales, lo que ofrece una segunda razón de la pertinencia de este libro, donde confluyen varias perspectivas y enfoques. Por un lado, diversas disciplinas tales como la Sociología, la Demografía o el Derecho. En segundo lugar, la práctica profesional, tanto desde la Psicología Forense como desde la Mediación. Finalmente, varias experiencias desde el asociacionismo, con sus dificultades y objetivos para conseguir un mundo más igualitario y justo. Todo ello supone un destacado valor añadido para un libro dada su multidisciplinariedad. Desde el comienzo no quisimos ni entendimos que un objeto como éste pudiera ser único de la Sociología, por lo que invitamos a todas estas personas a estar presentes, en los encuentros y Jornadas y, cómo no, aportando su grano de arena a este libro. La propia estructura final del libro se divide en tres partes: el análisis social y jurídico del fenómeno; la intervención psicosocial; y la voz de las asociaciones.

Este carácter multidisciplinar en torno a un tema de plena actualidad posee, además, otro valor añadido, como es el hecho de recoger y plantear diversas opiniones, enfoques y aristas sobre un tema que, por cuanto contiene de social, pero también de afectivo, íntimo y personal, resulta especialmente controvertido. La custodia de las hijas e hijos supone para las madres y padres un momento de toma de decisiones no sólo legales, o económicas, también identitarias, personales, afectivas y emocionales, que hacen de este objeto de estudio un espacio especialmente delicado, pero, precisamente por ello, de gran interés para la investigación.

Nuestro propósito ha sido recoger, en un mismo trabajo, los términos y aproximaciones teóricas emergentes sobre la custodia compartida, partiendo del análisis del cambio social en torno a los modelos de amor, familia y sexualidad de las últimas décadas. Así, encontraremos términos como crianza compartida, responsabilidad parental compartida, custodia, responsabilidad compartida o corresponsabilidad, o división sexual de los trabajos productivos y de cuidado.

Por todo ello, nuestro objetivo máximo ha sido el de contribuir al estudio de un fenómeno social multidisciplinar que abordamos desde la cientificidad que se espera del trabajo académico, pero dando espacio y libertad para expresarse a todas las personas que han contribuido a él. Lo expuesto en esta breve introducción va a desarrollarse extensamente por cada uno de los autores. Sus opiniones aquí expresadas corresponden a cada uno de ellos, si bien a todos nos une el fin último de conseguir las mejores condiciones para los menores tras la ruptura de una pareja.

Diego Becerril y Mar Venegas

PARTE I

EL CONTEXTO SOCIAL Y JURÍDICO DE LA CUSTODIA COMPARTIDA

CAPÍTULO 1

CAMBIO SOCIAL Y CAMBIO EN LOS MODELOS DE FAMILIA: TRABAJAR POR LA IGUALDAD

Mar Venegas - Antonio Lozano Martín

mariter@ugr.es; lozanoma@ugr.es
Universidad de Granada, España

1. INTRODUCCIÓN Y OBJETIVOS

Este capítulo pretende reflexionar sobre un momento previo a la problemática social a la que se dedica este libro, la custodia compartida. Se trata de pensar las relaciones afectivosexuales en el marco de los cambios sociales recientes, esto es, desde la segunda mitad del siglo XX hasta el momento actual: el proceso de transformación de la estructura familiar dominante durante la Modernidad –nuclear, "hasta que la muerte nos separe" (Bauman, 2005)–, hasta llegar a la legalización del divorcio en un país de tradición católica como España. Es, pues, el divorcio el que conduce a la necesidad de plantear la custodia de las/os hijas/os. De este modo, en el capítulo analizaremos las dinámicas relacionales y sociales previas al divorcio. Para comprender estas grandes transformaciones es necesario, sin embargo, ampliar la perspectiva de análisis, pues se trata de tendencias de cambio generalizadas a todo el mundo occidental, aún cuando existe una oscilación en las fechas en función de las condiciones sociales, culturales, holísticas y económicas de cada país.

Con este marco de fondo, este capítulo pretende hacer un recorrido por algunas claves explicativas desde la teoría sociológica a través de la relación entre educación, empleo y familia, para analizar los grandes cambios que la teoría social, desde una perspectiva feminista, viene planteando desde 1990, poniendo en el centro del análisis el papel de la lucha por la igualdad entre mujeres y hombres. Nuestro análisis se presenta en clave de conflictos y paradojas en torno a las actuales formas de relación afectivosexual, hasta derivar en el divorcio como forma de finalización de esas relaciones formalizadas civilmente.

Para ello, el capítulo defiende y argumenta una tesis que podría considerarse como lugar común en la teoría social feminista que se revisa en estas páginas (Subirats, 1990; Beck y Beck-Gernsheim, 2001; Giddens, 2004; Bauman, 2005; Bourdieu, 2005; Cabello et al., 2007; Castells y Subirats, 2007): *el acceso universal de las mujeres a la educación formal, primero, y al mercado laboral, a continuación, así como la movilidad social derivada de ello, han dado lugar a importantes transformaciones tanto en las formas de relación (a nivel microsociológico), como en la estructura de los "regímenes afectivosexuales"* (Venegas, 2011, 2013) *que es la familia (a nivel mesosociológico) y, con ello, de la estructura social (a nivel macrosociológico), a lo largo, sobre todo, de la segunda mitad del siglo XX, y hasta la actualidad.*

Por régimen afectivosexual entendemos un modelo, históricamente construido, de relaciones entre mujeres y hombres, así como sus correspondientes definiciones de masculinidad y feminidad, donde éstas son consideradas no sólo en términos de género, sino también en sus relaciones con sexualidad, afectividad y cuerpo. Este modelo cristaliza en forma de instituciones sociales tales como la familia (Venegas, 2011, 2013). Así, educación, empleo y movilidad social van a estar en el origen de los grandes cambios en torno a amor y sexualidad, desde una perspectiva de género. En este capítulo argumentamos esta tesis de investigación haciendo repaso, para ello, de algunas obras relevantes en el campo de lo que podríamos llamar *Sociología del Amor*. Nuestro objetivo es observar las relaciones, en el marco de los cambios sociales, para comprender sus dinámicas previas al divorcio, fenómeno que da lugar a la necesidad de plantear la custodia compartida (tema nuclear que conduce esta obra) y, en su caso, la necesidad de mediación, como se plantea también en estas páginas (véase Lozano y Venegas, en esta obra).

2. FAMILIA, AMOR Y SEXUALIDAD DESDE LA PERSPECTIVA DE GÉNERO: GRANDES TRANSFORMACIONES SOCIALES

La centralidad de la familia en la teoría sociológica se debe a una serie de factores sociales que definen a la familia como institución social fundamental. A su vez, la familia como institución está definida por factores que dependen de cada momento socio-histórico, tales como: las pautas morales de la sociedad; las sanciones sociales (religiosas, legales, económicas, interpersonales); la estrecha relación entre sexualidad, parentesco y regulación social de la familia (el matrimonio como alianza económica, el mito del amor romántico, los estereotipos y roles diferenciales de género, los tabúes sexuales y afectivos). La consecuencia de todo ello ha sido la consolidación de un modelo normativo de familia tradicional patriarcal, caracterizado por la presión social para la formación de parejas heterosexuales, endogámicas y monógamas. La corriente teórica que mejor se acerca a esta definición de familia es el Funcionalismo Estructural, que la entiende como una institución que posibilita la regulación de las relaciones entre los sexos a través del matrimonio heterosexual, prerrequisito para mantener el orden y el equilibrio del sistema, sentando las bases de un modelo normativo de relaciones íntimas (Ritzer, 1996).

Desde corrientes teóricas críticas, sin embargo, la familia se ha analizado con la perspectiva del conflicto entre sus miembros, así como de éstos con el sistema y, con ello, la perspectiva del cambio social, como se muestra a continuación.

2.1. Cambios a nivel macro sociológico en el siglo xx: reivindicaciones feministas para la transformación de la sociedad

Las teorías que analizan los cambios en los modelos de familia a nivel macro se sitúan en la transformación de las estructuras familiares y su relación con la transformación de las estructuras sociales en general. Para estas teorías, las principales causas de dichos cambios son: el acceso de las mujeres al sistema educativo, primero; como consecuencia de ello, el incremento de las expectativas laborales de las mujeres; a continuación, su acceso al mercado laboral; con ello, el incremento de las expectativas de movilidad social; dando como resultado la transformación de la estructura familiar.

Ahora bien, es necesario señalar, igualmente, una serie de condiciones favorables a esa concatenación de procesos sociales de cambio: la liberación demográfica; la liberación de la sexualidad femenina, mediante el avance científico y el uso generalizado de métodos anticonceptivos; la reestructuración del trabajo doméstico; y el aumento de los divorcios, dando lugar a la formación de familias recompuestas. En lo que sigue en este apartado se analizan y destacan algunas aportaciones destacadas en teoría sociológica desde lo que podemos llamar *Sociología del Amor*, y que permiten argumentar la tesis de este capítulo, desde las reivindicaciones y movilizaciones feministas para transformar la sociedad hacia una sociedad estructuralmente más igualitaria.

* *El amor como caos normal*

Subtitulado 'Las nuevas formas de la relación amorosa', "El normal caos del amor" es el primer trabajo sociológico sobre familia y cambio social (Beck y Beck-Gernsheim, 2001), desde la perspectiva del amor en las relaciones de pareja, y el paradigma de la sociedad del riesgo (cuyos autores sitúan en la modernidad reflexiva de la que hablan en sus obras). En ello, la individualización, tendencia central y creciente en la modernidad reflexiva, "significa que los seres humanos son liberados de los roles de género internalizados" (Beck y Beck-Gernsheim, 2001: 20.). Una liberación que permite a las personas elegir su destino social, lo que las obliga, al mismo tiempo, a construir su propia existencia mediante el mercado laboral, la formación, la movilidad, tal vez en detrimento de las relaciones familiares, amorosas y vecinales, de manera que el concepto de "libertad adquiere el sentido de autoobligación y autoadaptación" (Beck y Beck-Gernsheim, 2001: 21). En este planteamiento hay, pues, una fuerte contraposición entre familia, amor y libertad personal, por un lado, y búsqueda de autorrealización, por otro. De ahí que se pregunten "¿qué posibilidad tienen dos seres humanos, que quieren ser iguales y libres, de mantener la unión del amor?" (Beck y Beck-Gernsheim, 2001: 31).

Los autores analizan la transformación de la estructura familiar desde la familia extensa, propia del Antiguo Régimen y la sociedad feudal, a la familia nuclear, característica de la Modernidad, hasta llegar a la familia negociada, más propia de la sociedad democrática actual. Y añaden que, de hecho, este último cambio es fruto de las luchas por la emancipación y la igualdad de las mujeres contra la familia nuclear, por basarse en la división sexual, a lo que se suma el incremento del divorcio, todo lo cual ha dado lugar a una familia negociada que, a menudo, es fruto de recomposiciones familiares tras el divorcio. En medio de este contexto, dicen, "El amor se hace más necesario que nunca antes y al mismo tiempo imposible" (Beck y Beck-Gernsheim, 2001: 16), tan anhelado como escurridizo, depositario de todas las esperanzas de autorrealización. De ahí que hablen del "caos absolutamente normal del amor" (Beck y Beck-Gernsheim, 2001: 18), pese a lo cual "casi nadie quiere volver a la situación anterior" (Beck y Beck-Gernsheim, 2001: 22). Beck y Beck-Gernsheim (2001) argumentan que la participación masiva de las mujeres en educación formal y empleo hace que las desigualdades de género sean cada vez más injustificables y políticas.

Ahora bien, una de las consecuencias más destacada de estos cambios ha sido el problema de la conciliación entre la vida familiar y laboral, sintomático del fracaso de una sociedad incapaz de responder a la crisis derivada de los cambios en la división sexual del trabajo, al tiempo que la individualización femenina ha de dar respuesta a la contradicción entre la 'vida propia' vs. 'estar para otros'. En el caso de los hombres, coincide la individualización económica y el comportamiento tradicional. Además, las mujeres siguen cobrando menos por el mismo trabajo y con la misma cualificación que los hombres.

Estos autores señalan, igualmente, una serie de factores que van a caracterizar estos procesos de cambio en todas las sociedades occidentales: aumento de los divorcios en todos los países; diferenciación de formas de vida antes relegadas a familia y matrimonio; multiplicidad de situaciones creciente; opción creciente a vivir en soledad; comportamiento sexual menos rígido, aunque muy normalizado aún. Pese a todo, el ideal de las personas, incluso jóvenes, sigue siendo el de la pareja estable.

Emerge una individualidad en que se contraponen inmediatez y proyección del bienestar futuro, dada la actual cultura del placer y de las identidades fluidas.

La tenencia de hijas/os se convierte, al tiempo, en un obstáculo al proceso de individualización, y la última relación primaria irrevocable y no intercambiable, una proyección que antes ocupaba la relación amorosa. Con la Modernidad, la familia pasa de ser la comunidad de trabajo de la sociedad feudal, a ser una comunidad de sentimientos, justo cuando los vínculos tradicionales se vuelven frágiles. Según ellos, "con la pérdida de las tradiciones crecen las promesas de las relaciones amorosas" (Beck y Beck-Gernsheim, 2001: 56), en un momento en que Dios, las clases, o la vecindad son sustituidos por una profusión de contactos que, por su numerosidad, pierden intensidad y devienen efímeros. De ahí la dificultad para encontrar en una relación la fuente de identidad personal. Con ello, emerge la 'crisis de la familia', debida a la desorientación y desconcierto actuales: "lo que mantiene unido al matrimonio y a la familia no es tanto el fundamento económico y el amor, sino el miedo a la soledad" (Beck y Beck-Gernsheim, 2001: 57), pues "cuando la exigencia de fe de las religiones se desvanece, la gente busca refugio en la soledad del amor" (Beck y Beck-Gernsheim, 2001: 247).

A ello se suma el hecho de que "la lucha de los géneros es el drama central de nuestro tiempo" (Beck y Beck-Gernsheim, 2001: 71). En la sociedad tradicional "(e)l camino de la mujer pasa por la adaptación al hombre" (Beck y Beck-Gernsheim, 2001: 88). Desde la década de 1960 "la unión se basa ahora en unas afinidades espirituales" (Beck y Beck-Gernsheim, 2001: 91). Hoy nos encontramos, en un extremo, la feminización de la pobreza; en otro, mujeres con brillantes carreras profesionales que han renunciado (o tenido que renunciar) a la formación de una familia. Amor y autonomía parecen, pues, incompatibles. El problema mayor de esta época es, según ellos, la vida en pareja. Sinceridad y compromiso se convierten en valores definitorios de la vida en pareja: "en el matrimonio moderno, la comunidad se construye a través del amor y de los sentimientos (...) cuando se acaban los sentimientos, debiera acabarse el matrimonio" (Beck y Beck-Gernsheim, 2001: 140), de ahí el incremento de los divorcios. Para las mujeres y los movimientos feministas, la imagen del hombre actual oscila entre el opresor patriarcal y el héroe doméstico. A pesar de todo, "la cultura masculina es una cultura represora y reprimida" (Beck y Beck-Gernsheim, 2001: 213), un ejemplo que dan es el caso del divorcio y la potestad legal sobre la descendencia, tema central del monográfico en que se inserta nuestro capítulo.

Otros trabajos posteriores de Beck y Beck-Gernsheim son también de interés para argumentar nuestra tesis en este capítulo, tales como "Amor a distancia. Las nuevas formas de amor en la era global" (2012[2011]) o el trabajo de Elizabeth Beck-Gersheim "La reinvención de la familia. En busca de nuevas formas de convivencia" (2003). En el primero, Beck y Beck-Gernsheim (2012) continúan con el análisis del cambio de modelos de familia, a partir de la tesis de que las familias en la sociedad global de las TICs dejan de ser "territoriales" para ser "globales": matrimonios cuyos miembros viven en países distintos, conectando culturas y continentes; relaciones "on-line"; madres "de alquiler"; etc. Lo que obliga a repensar el amor y las relaciones interpersonales. En el segundo, Beck-Gernsheim (2003) aborda cuestiones de convivencia que eran impensables con anterioridad a la Modernidad reflexiva, analizando los cambios en una transición hacia lo que llama "familia posfamiliar".

2.2. Cambios a nivel micro sociológico en el siglo XX: reivindicaciones feministas para la transformación de la intimidad

En esta sección recogemos algunas aportaciones de interés para pensar los cambios al nivel micro de las relaciones interpersonales.

* *Una intimidad transformada*

El trabajo "La transformación de la intimidad" (2004[1992]) de Anthony Giddens es el segundo en publicarse en la Sociología del Amor. El libro se refiere a los cambios emocionales protagonizados por las mujeres, que hacen emerger la "«relación pura», es decir, una relación de igualdad sexual y emocional" (Giddens, 2004: 11). El "amor puro" se encuentra en el origen: contribuye a mantener a las mujeres en el hogar, pero contiene un potencial de cambio contra el "machismo" (Giddens, 2004: 12). Asimismo, emerge la "sexualidad plástica", crucial para la emancipación, la pura relación y el placer sexual de las mujeres (Giddens, 2004: 12). Giddens afirma que "Las sociedad modernas tienen una historia emocional clandestina que está aún por revelar" (Giddens, 2004: 12). En la medida en que el control sexual de los hombres sobre las mujeres se relaja, aparece el carácter compulsivo de la sexualidad masculina. "La decadencia de este control menguante genera también una oleada creciente de violencia masculina hacia las mujeres" (Giddens, 2004: 12). Es por todo ello que Giddens encuentra cada vez más posibilidades de "transformación de la intimidad", que puede ser opresiva, pero también implicar una democratización de lo personal.

Giddens señala que asistimos a un grado cada vez más alto de igualdad sexual entre mujeres y hombres hoy, sobre todo del lado de las mujeres: una permisividad social hacia una sexualidad activa antes de un compromiso "serio", frente a la pervivencia de una "doble moral" para los hombres antes y después del matrimonio. Pese a ello, empiezan a aparecer los términos "compromiso" e "intimidad", en un contexto marcado por los cambios sociales, en que las mujeres ya no se dejan dominar sexualmente por los hombres, ambos sexos tienen que negociar, la vida personal es un proceso abierto con nuevas demandas y ansiedades. En las sociedades premodernas, la virginidad de las mujeres hasta el matrimonio es muy apreciada por mujeres y hombres, repudiando a las mujeres sexualmente activas, mientras que la reputación social de los hombres depende de sus conquistas sexuales[1]. De ahí que aún hoy se distinga entre las mujeres buenas y malas[2]. Giddens afirma que ha habido un mayor cambio en actitudes y conductas entre chicas que entre chicos. Los hombres agradecen la mayor disponibilidad sexual de las mujeres, y buscan parejas en igualdad intelectual y económica. Notan el cambio en las mujeres que no quieren ser esposas o, al menos, no sólo esposas. La sexualidad premarital deviene una práctica habitual. También las prácticas sexuales diversas, así como el reconocimiento de la diversidad sexual, aumenta: «La «sexualidad» hoy ha sido descubierta, se ha hecho abierta y accesible al desarrollo de diversos estilos de vida" (Giddens, 2004: 24).

Giddens recoge una cita que ilustra perfectamente la anulación de la sexualidad de las mujeres, al menos, hasta el matrimonio, "Una madre decía a su hija [...] «tras tu boda, querida, sucederán cosas desagradables, pero no te enteres de ellas. Yo nunca lo hice»" (Giddens, 2004: 33). Y señala que para entender los cambios en torno a la sexualidad, es necesario atender a uno especialmente relevante como es el cambio en los modelos familiares en el SXIX: el matrimonio empieza a crearse sobre lazos afectivos, el amor romántico, que nace en el entorno burgués y se va trasladando al resto de clases sociales: "Esposos y esposas comenzaron a ser vistos como colaboradores en una empresa emocional conjunta [...] La «casa» vino a ser un medio diferente al trabajo [...] se convirtió en un lugar donde los individuos recibían apoyo emocional, en contraste con el carácter instrumental del trabajo" (Giddens, 2004: 34). Disminuye el tamaño de las familias y las mujeres se empiezan a desprender del ciclo crónico embarazo-parto. Emerge así la creación de "una sexualidad plástica, separada de su integración ancestral con la reproducción, el parentesco y las generaciones, fue la condición previa de la revolución sexual de las pasadas décadas" (Giddens, 2004: 35). La revolución sexual implica dos elementos: 1) revolución en la autonomía sexual femenina; 2) florecimiento de la homosexualidad masculina y femenina.

Giddens sigue a Malinowski para definir el amor como "pasión". El "amor pasión" implica la intensa relación entre amor y atracción sexual. "La implicación emocional con el otro es penetrante" (Giddens, 2004: 44). Es desorganizador, lo que le hace peligroso para el orden social. Mientras que el amor pasión es más o menos universal, el amor romántico es más específico de una cultura. En la Europa premoderna, los matrimonios eran una empresa contractual dada su base económica, en las clases pobres era la forma de organizar el trabajo agrícola, no existía

---

[1] Es la masculinidad hegemónica que describe Connell (1987), o la virilidad como nobleza de la que habla Bourdieu (2005).

[2] Para un análisis más detallado de esta distinción, véanse Simón (1997) o Varela (1997).

atracción sexual mutua. Así, besos, caricias y otras formas de afecto físico, relacionadas con el sexo, eran poco frecuentes entra las parejas. Muchos hombres tenían aventuras sexuales extramaritales. A finales del SXVIII emerge el amor romántico, que toma elementos del amor pasión, sobre todo, la libertad, destacando el amor, más que el deseo sexual. El amor rompe, pero incluye a la vez, a la sexualidad. Se supone que implica amor a primera vista. En la modernidad, "La razón no deja sitio a la emoción, porque simplemente ésta cae fuera de su dominio; pero de hecho la vida emocional se ha reorganizado en el marco de las condiciones cambiantes de las actividades del día a día" (Giddens, 2004: 47). Giddens afirma, "Alguien ha dicho que el amor romántico ha sido un complot urdido por los hombres contra las mujeres, para llenar sus mentes con sueños vanos e imposibles" (Giddens, 2004: 47). El amor romántico surge en medio de diversos cambios que afectan a las mujeres de finales del siglo XVIII: 1) la creación del hogar; 2) el cambio en las relaciones entre progenitores y descendencia; 3) la invención de la maternidad. Según Mary Ryan "el centro del hogar «se trasladó de la autoridad patriarcal al afecto maternal»" (Ryan, 1981:102 citado en Giddens, 2004:48). "La imagen de la «madre y esposa» reforzó un modelo de «dos sexos» de actividades y sentimientos diversos [...] la asociación de la maternidad con la femineidad, como cualidades de la personalidad de la mujer [...] contribuyeron ampliamente a sustentar las concepciones de la sexualidad femenina" (Giddens, 2004: 48). Con esta "división de esferas [...] el fomento del amor se hizo tarea predominante de la mujer" (Giddens, 2004: 49), las ideas del amor romántico interaccionaban con la sumisión de las mujeres al hogar y su separación del mundo exterior. Sin embargo, según Giddens, ello contenía también un espacio de "expresión del poder de las mujeres [...] de autonomía frente a la privación" (Giddens, 2004: 49). El hombre separó el amor romántico, del hogar, del amor pasión, con la querida o la prostituta (véanse también Simón, 1997; Varela, 1997), lo que significa una "feminización del amor respetable" (Giddens, 2004: 49). En este entorno, "Durante el período victoriano [...] Los sentimientos de camaradería masculina, quedaron relegados en gran medida a actividades marginales, como el deporte u otras actividades de ocio o de participación en la guerra [...] Como especialistas del corazón, las mujeres se relacionaban mutuamente sobre una base de igualdad social y personal" (Giddens, 2004: 49). Por su parte, "el amor romántico [...] Proyecta una trayectoria vital a largo plazo [...] una «historia compartida» que ayuda a separar la relación marital de otros aspectos de la organización familiar y a darle una primacía especial [...] suscita la cuestión de la intimidad. Es incompatible con la lujuria [...] el individuo imperfecto se completa" (Giddens, 2004: 50). El papel de las mujeres en el amor romántico es activo, ellas son inteligentes e independientes. "El carácter intrínsecamente subversivo del hecho complejo del amor romántico quedó frustrado por la asociación del amor con el matrimonio y la maternidad; y por la idea de que el amor verdadero, una vez encontrado, es para siempre" (Giddens, 2004: 51). Este amor se desvincula de la relación sexual: "confinar la sexualidad femenina al matrimonio para constituir el distintivo de una mujer «respetable» [...] ha permitido a los hombres mantener su distancia del reino de la intimidad y mantener la condición de casa como objetivo primario de las mujeres".

El matrimonio ha sido, durante mucho tiempo, la experiencia nuclear de la vida de las mujeres, lo cual sigue teniendo mucho peso en la reconstrucción reflexiva del yo de muchas de ellas. Para las mujeres, el matrimonio ha sido un medio de lograr autonomía; para los hombres, un refugio frente al individualismo económico (veáse también Beck y Beck-Gernsheim, 2001), permaneciendo el amor en ellos más cercano al amor pasión. La "pura relación" que define Giddens introduce una novedad: "una relación emocional estrecha con otro" (Giddens, 2004: 60), que se establece por iniciativa propia y que se juzga por ambas partes como lo suficientemente satisfactoria como para continuarla. Amor y sexualidad quedan unidos por la relación pura como dos extremos, está relacionada con la sexualidad plástica y con el amor romántico. Esto nos recuerda a la libertad de elección de la que hablan Beck y Beck-Gernsheim (2001). "Los hombres actúan pasivamente en la transición que se está realizando", algo que ocurre desde finales del siglo XVIII, de manera que, por primera vez los hombres se encuentran a sí mismos "poseyendo una «masculinidad» problemática" (Giddens, 2004: 60), cuando antes eran ellos los que parecían hacer historia, mientras las mujeres seguían haciendo lo de siempre. Con el amor romántico, los hombres han eliminado la división entre las mujeres inmaculadas y las mujeres impuras (véanse también Simón, 1997; Varela, 1997). También los hombres se enamoran, si bien, "han tendido a ser «especialistas del amor» sólo en lo que concierne a las técnicas de seducción o conquista" (Giddens, 2004: 62).

En la actualidad, "los ideales del amor romántico tienden a fragmentarse frente a la presión de la emancipación sexual femenina [...] las personas que se desean como compañeras de pareja se sienten atraídas y luego se ligan mutuamente [...] Abrirse uno a otro, condición de lo que llamaré amor confluente [...] es un amor contingente, activo y por consiguiente, choca con las expresiones de «para siempre», «sólo y único» que se utilizan por el complejo del amor romántico" (Giddens, 2004: 63). Encontramos en este análisis de Giddens un argumento explicativo que podemos sumar a los descritos por Beck y Beck-Gernsheim para comprender las grandes transformaciones tanto en la intimidad de las parejas, como en la estructura de la sociedad, como consecuencia de las primeras.

Giddens va a coincidir con el matrimonio Beck Gernsheim en las conclusiones generales a ambos análisis. La codependencia de las mujeres, la cual "describe lo que una vez fue llamado en general «el papel de la mujer»" (Giddens, 2004: 85), una persona que "Vive la vida alrededor de las necesidades de otros" (Giddens, 2004: 87), lo que remite a la individualización de las mujeres. En cuanto a "Las relaciones de parentesco [...] se han visto destruidas con el desarrollo de las instituciones modernas, que han dejado a la familia nuclear en un aislamiento espléndido" (Giddens, 2004: 87). Asimismo, en la actual sociedad "divorcista", son frecuentes las familias "recombinantes", de manera que, en la actualidad, "la confianza debe ser negociada y ganada, y el compromiso es algo personalizado, como sucede en las relaciones sexuales" (Giddens, 2004: 87). También en relación a los hijos hay similitudes. Así, Giddens señala que "Los manuales de crianza de niños publicados a comienzos del presente siglo aconsejaban a los padres que no se mostrasen excesivamente amigables con los hijos, ya que su autoridad quedaría debilitada" (Giddens, 2004: 95), frente a ello, hoy destacan las quejas hacia una relación entre padres e hijos/as que ha desembocado en gran "permisividad".

De manera que, a los cambios provocados por el acceso de las mujeres a la educación formal y el empleo, se suman los cambios que tienen lugar en el espacio de la intimidad.

Ahora bien, donde Giddens halla las posibilidades de cambio, en la práctica misma de las relaciones de género cotidianas, como potencial de cambio social, Bourdieu (2005) sitúa la eternización de la desigualdad, "la dominación masculina" que caracteriza esas relaciones, debido a la inercia de las mismas, y de las estructuras sociales en que se insertan esas relaciones, a reproducirse.

* *Amor y dominación masculina*

Por su parte, Bourdieu (2005 [1998]) hace una valoración crítica del papel del amor en relación a la dominación masculina. Para él, la cuestión es si el amor es una suspensión de la dominación masculina o la máxima expresión de la misma. Señala que la forma del amor del destino es dominación aceptada. Afirma, como si de magia se tratase, que "el poder misterioso del amor también puede ejercerse sobre los hombres" (Bourdieu, 2005: 133), afirmación en la que, siguiendo a Sasha Weitman, señala que ello es fruto de un trabajo ininterrumpido compuesto por la no-violencia, que hace posible las relaciones basadas en la reciprocidad plena[3], el reconocimiento mutuo, las relaciones desinstrumentalizadas. Bourdieu señala que el 'amor puro' es una invención histórica relativamente reciente. Un amor per se, 'loco', porque se llena de expectativas, de ahí que, según él, las elevadas inversiones que se hacen en el matrimonio por amor lleven, tantas veces, al divorcio[4]. Los dos sujetos amorosos lo que hacen es entregarse mutuamente su libertad.

---

[3] Esto recuerda al planteamiento de Giddens (2004) sobre la relación pura.

[4] También Beck y Beck-Gernsheim recogen este supuesto.

* *Vínculos humanos frágiles, o el amor en estado líquido*

Para terminar esta revisión teórica, cabe recoger también las interesantes aportaciones de Bauman, Zygmunt en su trabajo sobre el "Amor líquido" (2005[2003]) que, según él mismo dice, "está dedicado a los riesgos y angustias de vivir juntos, y separados, en nuestro moderno mundo líquido" (Bauman, 2005: 14). Como en los trabajos que hemos revisado más arriba, el tema central es el compromiso, entendido como una forma de cerrar las puertas a otras experiencias que puedan ser más gratificantes:

Una relación resulta dolorosa cuando está fundamentada sobre la falta de compromiso que la equipara a la incertidumbre, las relaciones desiguales entre los miembros de la pareja, la falta de afectos compartidos y la ausencia de una base común sobre la que establecer un proyecto de futuro compartido por ambas partes (Bauman, 2005: 30).

La falta de compromiso en las relaciones se corresponde también con la compulsividad a tenerlas: "Cuando la calidad nos defrauda, buscamos la salvación en la cantidad. Cuando la duración no funciona, puede redimirnos la rapidez del cambio" (Bauman, 2005: 82). La liquidez que caracteriza a esas relaciones se convierte, como lo plantea también el matrimonio Beck, en riesgo: "Cuanto más profundos y densos sean sus lazos, vínculos y compromisos, mayor es el riesgo" (Bauman, 2005: 83).

Las relaciones, incluídas las afectivosexuales, devienen un objeto de consumo más: "Una relación, le dirán los expertos, es una inversión como cualquier otra" (Bauman, 2005: 29). Y añade que la fragilidad de las relaciones personales estables choca hoy con la necesidad compulsiva de ellas. Estas tendencias se relacionan también, según el autor, con un cambio en las estructuras y modelos de familia y, con ello, la definición romántica de amor, según una secuencia en los tipos de pareja que va del hasta que la muerte nos separe (matrimonio) al veremos cómo funciona (cohabitación) hasta parejas semiadosadas en una reunión de tiempo parcial y flexible.

Bauman se refiere también a la descendencia:

> En nuestra época, los hijos son, ante todo y fundamentalmente, un objeto de consumo emocional (...) deseados por las alegrías del placer paternal que se espera que brinden, un tipo de alegría que ningún otro objeto de consumo, por ingenioso y sofisticado que sea, puede ofrecer (Bauman, 2005: 63).

3. ALGUNOS DATOS PARA ILUSTRAR ESTAS TRANSFORMACIONES EN ESPAÑA

En el apartado anterior hemos visto cómo describen algunos autores la concatenación de procesos sociales que hacen posible la transformación de la estructura de la familia, entendiendo con ello una transformación de las relaciones sexuales y afectivas desde la perspectiva de género. Recordemos que esta concatenación de procesos queda recogida en la tesis de investigación que abordamos en este capítulo, a saber: *el acceso universal de las mujeres a la educación formal, primero, y al mercado laboral, a continuación, con la consecuente movilidad social que ello supone, ha dado lugar a importantes transformaciones en las formas de relación, a nivel micro sociológico, y de estructura familiar, a nivel macro sociológico, a lo largo, sobre todo, de la segunda mitad del siglo XX y hasta la actualidad.* En este apartado abordamos esta cuestión en cifras para ilustrar con datos los procesos anteriormente descritos.

* *La escolarización universal de las mujeres desde Infantil a la Universidad*

En línea con nuestra argumentación, Estíbaliz Ruiz y Martínez Ezquerecocha (2000) señalan que, a lo largo del siglo XX ha habido dos fenómenos especialmente relevantes en relación al sistema educativo español: 1) la escolarización formal de la población en edad escolar (6-14 años) hasta su universalización en los años 1980; y 2) el acceso creciente de las mujeres a los estudios secundarios y superiores:

> En 1901 había únicamente 44 alumnas inscritas en el Bachillerato de un total de 32.297 (Díaz de la Guardia, 515 y 508), y sólo una figuraba en la enseñanza oficial superior. En 1987 se matricularon en los cursos de B.U.P. y C.O.U. 1.374.730 alumnos, de los que las mujeres eran mayoría (731.226 frente a 643.504 varones); en ese mismo año se registraron 969.508 estudiantes universitarios, de los cuales el número de mujeres (490.033) sobrepasaba también ligeramente al de los varones (479.475), proporción que distaba de darse, sin embargo, en las Escuelas Técnicas, de matrícula global mucho más baja que la habida en las Facultades, y donde la presencia de la mujer ha sido minoritaria, aunque en alza espectacular desde los últimos años (CIDE, 29-31 y 196) (Ruiz y Ezquerecocha, 2000: 160).

Ruiz y Ezquerecocha (2000) señalan la existencia de barreras legales, mentales y socioculturales que habían impedido el acceso de las mujeres a la educación formal, sobre todo en niveles superiores. "Estaba vigente aún al comenzar el siglo el modelo de educación de la mujer diseñado en el siglo XIX que cifraba su objetivo en formar ante todo buenas esposas, buenas madres (primeras educadoras de sus hijos) y buenas ciudadanas" (p.174). Estos autores arrojan algunas cifras esclarecedoras: "En 1901 sólo una de cada cinco mujeres sabía leer y escribir en España, el 66 por cien de la población femenina mayor de diez años era analfabeta" (Ibíd.). También ellos relacionan la formación con el empleo, de manera que:

> Correspondiendo a su nivel cultural, la población activa femenina de 1900 estaba ocupada en los trabajos menos cualificados (60 por 100 en el sector primario;

13,7 en el secundario, industrias de la alimentación, textil, tabaco, y confección, principalmente; y 26,3 por 100 en el terciario, en su inmensa mayoría en el servicio doméstico) (Ruiz y Ezquerecocha, 2000: 175).

Del Amo (2009) señala que, aunque desde mediados del siglo XIX la ley establece que todas las niñas deben acudir a la escuela primaria, el absentismo escolar entre las niñas era elevadísimo y las escuelas para ellas muy escasas. Según ella,

> En 1887 existen 3,5 millones de hombres que no saben escribir, que representan el 52% de la población masculina mayor de 10 años. En 1900, el número de los varones que desconoce la escritura ronda los 3,3 millones, pero la tasa respecto al total de varones mayores de 10 años ha bajado al 47%. Por su parte, en 1887 son 5,3 millones las mujeres que no saben escribir y que representan el 77% de la población femenina con más de 10 años. En 1900, han bajado hasta 5,1 millones, con una tasa del 69% respecto a la población femenina del mismo tramo de edad. Por tanto, mientras la alfabetización de los varones mejora en cinco puntos, la alfabetización femenina aumenta en 8 puntos (Vilanova y Moreno, 1992) lo que indica una mejora real aunque todavía muy insuficiente (p.13).

La II República supuso un impulso a este proceso de formación y acceso al empleo de las mujeres en España, que la dictadura franquista bloqueó (Subirats, 1994). No será hasta la Ley General de Educación de 1970 cuando se implante la escuela mixta (Subirats, 1994; Del Amo, 2009). "La Democracia ha supuesto la equiparación escolar formal de las mujeres frente a los hombres en las enseñanzas media y superior, algo absolutamente impensable en 1900" (Ruiz y Ezquerecocha, 2000: 178). Y señalan las razones por las que las mujeres tienen una mayor necesidad que los hombres de cursar estudios superiores: porque dependen más de ello para su integración laboral; relacionado con lo anterior, porque el acceso al empleo permite a las mujeres cuestionar su posición tradicional en del hogar; y porque la proliferación de universidades en España ha podido beneficiar más a la mujeres que a los hombres al tener ellas muchas más dificultades para salir de la casa familiar.

Mª Cruz del Amo (2009) ofrece algunos datos clave en este sentido:

> la Real Orden de 8 de marzo de 1910 reconoció el derecho de las españolas que deseaban cursar estudios universitarios a matricularse libremente en todos los centros de enseñanza oficial, las mujeres representan hoy más de la mitad de los estudiantes universitarios y suponen el 60,9% de los graduados. Las estudiantes alcanzan mejores rendimientos académicos que los varones en todos los niveles educativos y abandonan menos que los chicos el sistema escolar. Permanecen durante más tiempo en el sistema educativo pero obtienen antes una titulación universitaria (p.8).

Los gráficos que se muestran a continuación han sido tomados de Del Amo (2009:18), a elaboración propia siguiendo datos de los Anuarios estadísticos de España y MEPSYD. En ellos, la autora ilustra cómo ha ido aumentando el porcentaje de chicas en Bachillerato y estudios universitarios a lo largo del siglo XX y comienzos del siglo XXI, mientras caía el de chicos. Podemos afirmar, por tanto, que ha habido un acceso paulatino y generalizado de las mujeres al sistema educativo hasta llegar a niveles de Educación Superior, según muestran los datos:

Tabla 1. Tasas de escolarización del estudiantado en España por sexo

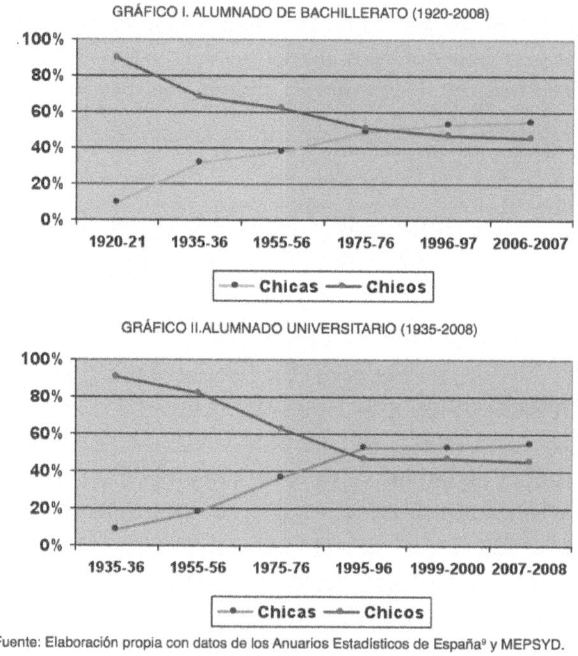

Fuente: Elaboración propia con datos de los Anuarios Estadísticos de España[9] y MEPSYD.

Fuente: Del Amo (2009: 18)

* *La incorporación de las mujeres al mercado laboral como consecuencia de su incremento de educación y formación*

Son numerosos los trabajos que se han realizado en el marco de la relación entre educación y acceso al mercado laboral. En el trabajo de Cabello et al. (2007) se considera el hecho de que las mujeres estén casadas, ofreciendo los siguientes datos que elaboran a partir de datos del INE (Censo de población de 1930 y Censo de población y viviendas de 2001), donde se evidencia la determinación del estado civil en la ocupación de las mujeres:

Tabla 2. Evolución de la tasa de ocupación (empleo)
de las mujeres casadas en España

Año	Mujeres casadas	Mujeres casadas ocupas[1]	Porcentaje
1930	4.331.013	214.318	4.9
2001	9.528.897	3.258.213	34.2

Fuente: Cabello et al. (2007: 21)

Sin embargo, como señalan Vicente y Martínez (2010), "el incremento de la participación de la mujer en el mercado de trabajo, [va] unido al desigual reparto de tareas y ocupaciones entre hombres y mujeres" (p.12). Estas desigualdades de género en el mercado laboral se han visto agravadas por la crisis económica desde 2007 hasta la actualidad. Así, Escot y Fernández (2013) elaboran las siguientes gráficas sobre las tasas de actividad[5] a partir de datos de la EPA (INE) entre el primer trimestre de 2005 y el primer trimestre de 2013, donde se observa la tendencia creciente de las mujeres a incorporarse al mercado laboral, mientras decrece en el caso de los hombres, lo que reduce un poco la distancia de ambos en cuanto a su participación en el mercado laboral:

Tabla 3. Tasas de actividad en España (I trimestre 2005 - I trimestre 2013)

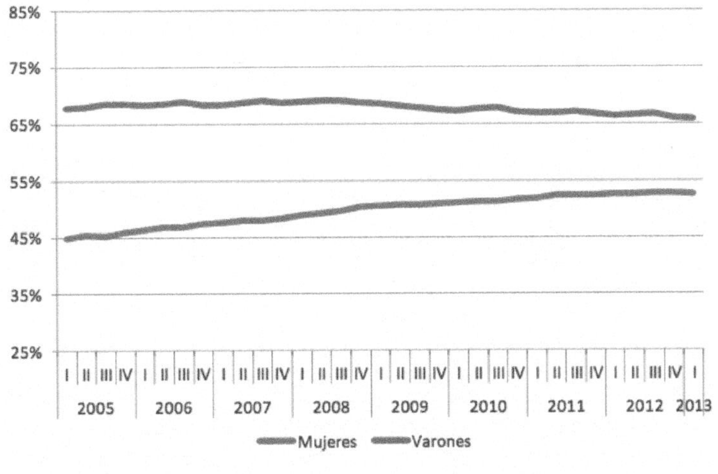

Fuente: Escot y Fernández (2013: 14)

[5] Porcentaje de población trabajadora activa sobre la población de 16 o más años.

En cuanto al empleo, observamos el impacto de los ciclos macroeconómicos en ello, de manera que cae en ambas casos, si bien, la tasa de las mujeres es menos sensible al ciclo económico, con lo que ambas tasas de empleo se acercan:

Tabla 4. Tasas de empleo en España (I trimestre 2005 - I trimestre 2013)

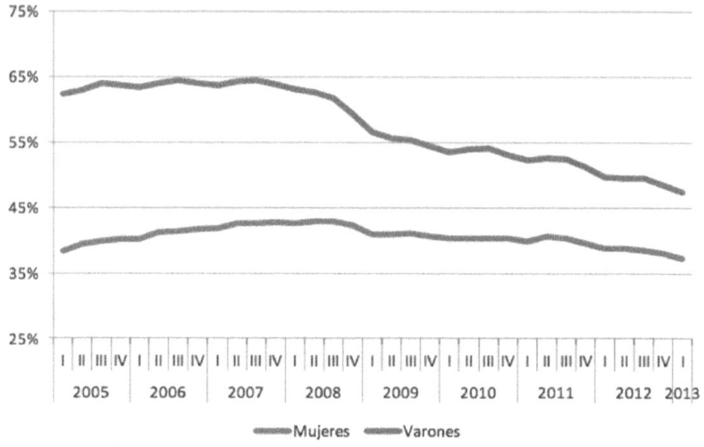

Fuente: Escot y Fernández (2013: 14)

Finalmente, con respecto a las tasas de desempleo, también hay una equiparación entre hombres y mujeres. "La composición sectorial de los trabajadores y el desigual reparto de los efectos de la crisis por actividad económica permiten en gran parte justificar este fenómeno" (Escot y Fernández, 2014: 16):

Tabla 5. Tasas de desempleo en España (I trimestre 2005 - I trimestre 2013)

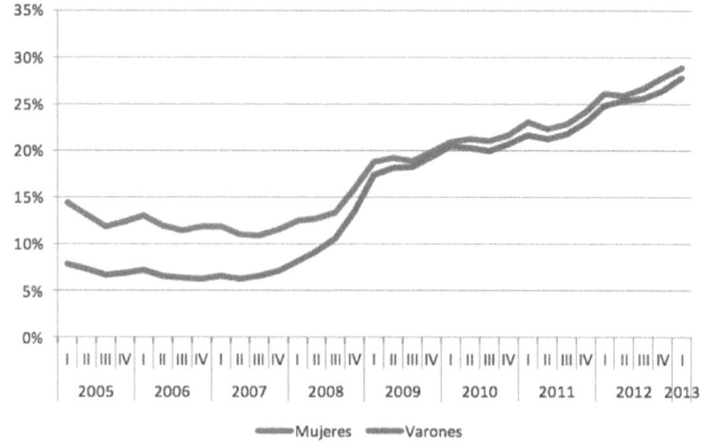

Fuente: Escot y Fernández (2013: 14)

Según la Secretaría de Estado de Empleo (2015), 2014 consolida la tendencia a una mejora en la situación laboral de las mujeres que se inicia en 2013. Ahora bien, "continúa siendo un desafío que la tendencia más favorable de la economía impulse también la consolidación de este proceso hacia una mayor igualdad en la posición de la mujer dentro del mercado de trabajo" (p.1).

* *El aumento de los divorcios en España*

El análisis de los cambios en las formas de relación afectivosexual han llevado a un incremento del número de divorcios, tal como hemos visto en la primera parte de este capítulo, de contextualización teórica: mayor autonomía, libertad e igualdad. Cabello et al. (2007) señalan que "Según el INE, por cada 100 matrimonios formalizados en nuestro país en 2003 se han producido 22,3 divorcios y el aumento de estos entre 2004 y 2005 fue de un 77%" (p.23).

En su estadística sobre el año 2014, el INE (2015) señala que "En 2014 hubo 100.746 divorcios, un 5,6% más que en el año anterior" y que "La custodia compartida de los hijos fue otorgada en el 21,3% de los casos de divorcio" (p.1). Asimismo, "La custodia de los hijos menores fue otorgada a la madre en el 73,1% de los casos, cifra inferior a la observada en el año anterior (76,2%). En el 5,3% de los procesos la custodia la obtuvo el padre (frente al 5,5% de 2013), en el 21,2% fue compartida (17,9% del año anterior) y en el 0,4% se otorgó a otras instituciones o familiares" (p.3), lo que significa que casi tres cuartos de las custodias son para las madres, un fenómeno que reproduce la desigualdad derivada de un sistema patriarcal de dominación de género como el que se ha mantenido en el tiempo en sociedades occidentales como la española.

4. CONCLUYENDO

Las grandes transformaciones sociales que se van gestando en la primera mitad del siglo XX se intensifican a lo largo de la segunda mitad del siglo, hasta llegar a nuestros días a través de importantes cambios en la estructura y los modelos de familia, que pasan a ser plurales, dinámicos, diversos y globalizados.

Una característica destaca por encima de todas las que definen estos nuevos modelos: la *libertad*. Frente a las convenciones y necesidades sociales impuestas desde el origen mismo del parentesco, cuyas estructuras elementales fueran estudiadas por Lévi-Strauss (para profundizar en este aspecto, véase Venegas, 2010), el siglo XX, especialmente a partir de los movimientos reivindicativos de la década de 1960, va a instaurar un nuevo principio estructural que viene para quedarse, el de la libertad de elegir en cualquier faceta de la vida social, incluyendo, por supuesto, la dimensión afectivosexual.

Ahora bien, visto con la perspectiva del tiempo, ese cambio hacia la libertad de elegir nos ha enseñado que ser más libres conlleva, también, ser más responsables, de manera que, rotas ya las imposiciones y convenciones sociales, las personas del siglo XXI nos encontramos "solas" frente a las consecuencias de nuestros actos: libres para elegir, responsables de las consecuencias. Es ésa libertad estructural la que ha hecho posible el reconocimiento formal del divorcio como vía institucionalizada para finalizar las relaciones afectivosexuales que no cumplen con las expectativas de los miembros de la pareja y que, por tanto, dejan de ser satisfactorias. Como consecuencia, cuando hay descendencia en el pareja, se hace necesario reflexionar sobre la custodia de hijas e hijos. Desde este libro, se ha apostado por la reflexión sobre la custodia compartida.

Por el camino, otros cambios estructurales han ocurrido, posibilitando ese incremento de libertad y responsabilidad, tal como hemos querido analizar en este capítulo. Así, la universalización real de la educación formal, primero, haciendo partícipes también a las mujeres, generó en ellas un incremento de las expectativas laborales que fue el motor de la búsqueda del acceso de las mujeres en las diferentes esferas del mercado laboral. Una vez empleadas, las mujeres han protagonizado importantes procesos de movilidad social ascendente, a pesar de las diferentes estructurales generizadas que continúa habiendo en el mercado laboral.

Cuando las mujeres salen de la esfera privada del hogar a la esfera pública del mercado laboral, la familia experimenta profundas transformaciones, no sólo en su estructura material, también a nivel económico, afectivo, emocional, sexual... haciendo emerger la reivindicación de la corresponsabilidad, pero también de mayores cotas de libertad en los términos en los que se establece la pareja. Cuando amor, libertad y proyecto personal no coinciden en ambos miembros de la pareja, la formalización del divorcio ha hecho posible poner fin a esa relación. De todos estos mecanismos de cambio social, previos a la emergencia del fenómeno, y actual debate, sobre la custodia de hijos e hijas, ha querido hablar este capítulo.

5. BIBLIOGRAFÍA

Bauman, Zygmunt (2005[2003]) *Amor líquido. Acerca de la fragilidad de los vínculos humanos,* Madrid, Fondo de Cultura económica.

Beck, Ulrich y Beck-Gernsheim, Elizabeth (2001[1990]) *El normal caos del amor. A cerca de la fragilidad de los vínculos humanos,* Barcelona, Paidós.

Beck, Ulrich y Beck-Gernsheim, Elizabeth (2012 [2011]) *Amor a distancia. Las nuevas formas de amor en la era global,* Barcelona, Paidós.

Beck-Gersheim, Elizabeth (2003) La reinvención de la familia. En busca de nuevas formas de convivencia, Madrid, Grupo Planeta.

Bourdieu, Pierre (2005) *La dominación masculina*, Barcelona, Anagrama.

Cabello, Josefa (coord.) (2007) *El papel de la educación en el acceso de la mujer al mercado de trabajo. Nuevos retos para el sistema de protección social*, Madrid, Ministerio de Trabajo e Inmigración.

Castells, Manuel y Subirats, Marina (2007) *Mujeres y hombres. ¿Un amor imposible?*, Madrid, Alianza Editorial.

Connell, Robert William (1987) *Gender and Power. Society, the Person and Sexual Politics*, Stanford, Stanford University Press.

Del Amo, Mª Cruz (2009) La educación de las mujeres en España: de la "amiga" a la Universidad, *CEE Participación Educativa*, nº 11, pp. 8-22.

Escot, Lorenzo y Fernández, José Andrés (coords.) (2013) *Análisis de algunas de las causas últimas de la desigualdad de género en el mercado laboral. Implicaciones para las políticas de empleo*, Madrid, Ministerio de Trabajo e Inmigración.

Giddens, Anthony (2004[1992]) *La transformación de la intimidad. Sexualidad, amor y erotismo en las sociedades modernas*, Madrid, Cátedra.

INE (2015) *Estadística de Nulidades, Separaciones y Divorcios Año 2014*, nota de prensa 15 de septiembre de 2015.

Ritzer, George (1996) *Teoría sociológica clásica*, Madrid, Mac Graw-Hill.

Ruiz, Estíbaliz y Ezquerecocha, Martínez (2000) Un primer balance de la educación en España en el siglo XX, *Cuadernos de Historia Contemporánea*, nº 22, pp. 159-182.

Secretaría de Estado de Empleo (2015) *La situación de las mujeres en el mercado de trabajo 2014*, Madrid, Ministerio de Empleo y Seguridad Social.

Simón Palmer, Mª Carmen (1997) Cuerpo pensado, cuerpo vivido, *Arenal*, nº 4(1), pp. 39-57.

Varela, Julia (1997) *El nacimiento de la mujer burguesa. El cambiante desequilibrio de poder entre los sexos*, Madrid, La Piqueta.

Venegas, Mar (2010) La maldición de ser niña. Estructuralismo, postestructuralismo y teoría de la práctica en género y sexualidad, *Papers. Revista de Sociología*, nº 95(1), pp. 139-156.

Venegas, Mar (2011) Un modelo sociológico para investigar las relaciones afectivo-sexuales, *Revista Mexicana de Sociología*, nº 73(4), pp. 559-589.

Venegas, Mar (2013) Sex and relationships education and gender equality: recent experiences from Andalusia (Spain), *Sex Education: Sexuality, Society and Learning*, nº 13(5), pp. 573-584.

Vicente, Ana Mª y Martínez, Timoteo (coords.) (2010) *Cambios en el mercado laboral español. La incorporación de la mujer al mercado laboral: factores determinantes a nivel geográfico, profesional y por actividades en el sistema de la Seguridad Social*, Madrid, Ministerio de Trabajo e Inmigración.

CAPÍTULO II

CALIDOSCOPIO DE LA CUSTODIA COMPARTIDA EN ESPAÑA[6]

Montse Solsona
msolsona@ced.uab.cat

Jeroen Spijker
jspijker@ced.uab.es

Marc Ajenjo
majenjo@ced.uab.cat

Universidad Autónoma de Barcelona, España

1. INTRODUCCIÓN

En este capítulo abordamos el estudio de las diferencias regionales en España de la custodia compartida de los hijos menores de edad, en el postdivorcio. En 2014 la custodia compartida oscilaba entre un 10% en Andalucía, Extremadura y Murcia, y un 32% en Baleares y Aragón y hasta un 35% en Cataluña. Tal disparidad merece ser estudiada desde diferentes perspectivas. Es esta ocasión, nuestra opción es centrarnos en la legislación vigente en los distintos territorios, como principal factor explicativo de las diferencias; y de forma complementaria considerar algunos indicadores de la segunda transición demográfica (de la cual el divorcio es un rasgo característico) y de la división sexual del trabajo prevaleciente en cada región.

Nuestra hipótesis de partida es que una legislación que proporcione instrumentos para alcanzar un acuerdo pactado entre los cónyuges crea un marco de posibilidades para que la custodia compartida se pueda expandir. En un estudio anterior sobre Cataluña (Solsona *et al.*, 2014), ya hemos constatado el impacto po-

[6] Esta investigación es parte del proyecto: "Espacios de vida y usos del tiempo de las familias postdivorcio" Financiado por el Ministerio de Educación Ref. CSO2012-39157). Jeroen Spijker ha sido financiado por el programa Ramón y Cajal (RYC-2013-14851) del Ministerio de Economía y Competitividad.

sitivo del nuevo Código Civil Catalán (2011), de manera que en 7 años (2007-14) se ha triplicado la custodia compartida (del 11,6% hasta el 35,1%); mientras que otras regiones de España sin marco legislativo propio, como Andalucía, apenas ha aumentado en este mismo periodo: de 9,6% a 10,6%.

En primer lugar presentamos las diferencias y las similitudes de las leyes autonómicas y estatales que hacen una referencia explícita al cuidado de los hijos en el postdivorcio. En segundo lugar, previa mención de las fuentes de datos y la metodología utilizados, aportamos evidencias empíricas sobre la variabilidad de la custodia compartida y exploramos los factores explicativos de tal diversidad. Cerramos el capítulo con la discusión de los resultados y concluimos que las pautas regionales de la custodia compartida son expresión de legislaciones diferentes, y de los cambios en los roles de género asociados a la Segunda Transición Demográfica (en adelante, STD), de la cual la ruptura de las uniones es un elemento central (Van de Kaa, 1987; Lesthaeghe, 2010).

2. MARCO JURÍDICO DE LA CUSTODIA COMPARTIDA EN ESPAÑA: LEGISLACIÓN AUTONÓMICA Y ESTATAL

La figura jurídica de la custodia compartida puede considerarse como un factor para la regulación de las transiciones de la familia en caso de ruptura de una unión para hacer compatibles los derechos individuales de los cónyuges y sus responsabilidades parentales respecto a los hijos menores de edad, con el derecho de los hijos de mantener la relación con los dos.

2.1. Leyes vigentes sobre el divorcio en España

En España algunas Comunidades Autónomas están dotadas de Derecho civil foral o especial propio, y cinco de ellas han legislado acerca de la guarda y custodia de los hijos en caso de ruptura de una unión, convirtiéndose la legislación española en subsidiaria. En cambio, las Comunidades Autónomas que no tienen derecho propio se rigen por la legislación española; a saber Ley 30/1981 de 1 de julio y Ley 15/2005, de 8 de julio. Puesto que la legislación estatal es bien conocida, centraremos nuestra atención en las leyes autonómicas. Nos interesan aquellos aspectos que, a nuestro entender, pueden favorecer o dificultar la posibilidad de alcanzar un pacto para ejercer de forma corresponsable la custodia de los hijos menores después de un divorcio. A pesar de que dicha legislación es también de aplicación a las rupturas de las parejas de hecho con hijos, nuestro análisis se restringe a los divorcios.

Por orden cronológico de aprobación, las leyes autonómicas son las que siguen:

- Aragón: Ley 2/2010, de 26 de mayo, de igualdad en las relaciones familiares ante la ruptura de convivencia de los padres.
- Catalunya: Ley 25/2010, de 29 de julio, del libro segundo del Código Civil de Cataluña, relativo a la persona y la familia.
- Navarra: Ley Foral 3/2011, de 17 de marzo, sobre custodia de los hijos en los casos de ruptura de la convivencia de los padres.
- Valencia: Ley 5/2011, de 1 de abril, de la Generalitat, de relaciones familiares de los hijos e hijas cuyos progenitores no conviven, y
- País Vasco: Ley 7/2015, de 30 de junio, de relaciones familiares en supuestos de separación o ruptura de los progenitores.

2.2. Responsabilidad parental y custodia compartida legal. Dos conceptos diferentes

La patria potestad se entiende como la responsabilidad parental, que atañe principalmente a las grandes decisiones. En cambio, la guarda y custodia de los hijos hace referencia al cuidado diario, y remite por tanto a la coresidencia y al tiempo y al espacio compartido entre cada progenitor y sus hijos menores. La guarda y custodia compartida es una figura legal que da respuesta a una tendencia social emergente (el padre dispuesto a cuidar de los hijos en la vida diaria) que no es mayoritaria en España. Ciertas leyes autonómicas la definen en términos precisos, como en el caso de Valencia que la denomina "régimen de convivencia compartida con los hijos e hijas menores de edad" y la define como: "sistema dirigido a regular y organizar la cohabitación de los progenitores que no vivan entre sí con sus hijos e hijas menores, y caracterizado por una distribución igualitaria y racional del tiempo de cohabitación de cada uno de los progenitores con sus hijos e hijas menores, acordado voluntariamente entre aquellos o en su defecto por decisión judicial" (Art. 3.2).

2.3. Elementos comunes y peculiaridades de las leyes autonómicas

Estas leyes tienen en común entre ellas y con la legislación estatal diversos elementos: a) la patria potestad (denominada autoridad parental, en determinadas leyes como la catalana) es siempre compartida, a excepción que exista privación judicial para los progenitores; b) contemplan la práctica de la mediación para favorecer un pacto entre los actores, c) excluyen de la custodia a aquel progenitor contra el que exista evidencia de violencia de género (siendo unas leyes más explícitas que otras respecto a la violencia machista). Todas ellas pivotan sobre 3 principios: 1. los Derechos del Niño, traducidos en el fundamento del interés superior del menor; 2. la ruptura conyugal no supone la ruptura de la pareja parental, y 3. la igualdad de género en las responsabilidades parentales. Así, todas las leyes introducen como norma que el divorcio no altera las responsabilidades de los progenitores con los hijos.

Otro elemento común es que no existe ningún criterio objetivo (en términos de un mínimo de pernoctaciones al año con cada progenitor) que permita distinguir entre una custodia exclusiva de una custodia compartida.

Por otra parte, por lo que se refiere a la atribución de la vivienda familiar después del divorcio, la Ley estatal de 2005 no hace mención alguna a la atribución de la vivienda, pero en la Ley anterior de 1981, el Código Civil español vigente regula que, en defecto de acuerdo, *la vivienda familiar* corresponde a los hijos y al cónyuge en cuya compañía queden (art.96 LEY 1981). Sin embargo, en todas las leyes autonómicas, excepto Navarra que no hace mención alguna a la atribución de la vivienda familiar, prevalece el criterio del cónyuge más necesitado y de una atribución temporal.

De las peculiaridades de las leyes autonómicas es preciso destacar que algunas son muy específicas, en tanto que tienen como único objetivo regular la custodia de los hijos, pero muy limitadas en su articulado (como la de Navarra); mientras que otras, como en el caso de Cataluña, la regulación del divorcio está contenida en un cuerpo legislativo más amplio: el Código Civil Catalán. Además, ciertas leyes argumentan su normativa en las transformaciones emergentes en las relaciones familiares y de género, como Cataluña o Valencia; y otras son un desarrollo del principio del derecho histórico propio de protección de la familia (Aragón).

Respecto a la custodia compartida hay muchos matices diferentes: Aragón hace una defensa acérrima de sus ventajas desde una posición progresista; mientras que Cataluña quiere favorecer el pacto, mediante la concreción de los acuerdos entre los cónyuges, la transparencia para ambas partes y el cumplimiento de los compromisos alcanzados. Enseguida veremos que en caso de que no haya acuerdo entre los cónyuges, las legislaciones difieren en cuanto a la modalidad de guarda preferente (compartida o no), a los criterios que debe seguir la autoridad judicial para otorgarla.

2.4. Excepción o prioridad de la atribución de la custodia compartida tras la ruptura en defecto de pacto

La Ley 15/2005, de 8 de julio introduce de manera explícita la figura de la guardia y custodia compartida: Los progenitores proponen la custodia compartida pero es el juez quien pondera su procedencia con las cautelas que estime conveniente, pidiendo Informe al Ministerio Fiscal, escuchando cuando procede al menor, y valorando tanto las alegaciones de las partes como la relación de los padres entre sí y con sus hijos. Además, en defecto de acuerdo entre los cónyuges, de manera excepcional, el juez puede determinar la custodia compartida contra la voluntad de uno de los progenitores, siempre bajo determinadas condiciones (Art. 92.8).

En las leyes autonómicas hay divergencias. Aragón, en el mismo preámbulo de la ley afirma que su objetivo es promover el ejercicio de la custodia compartida. A falta de pacto entre los cónyuges, el juez adoptará la custodia compartida de forma preferente, salvo en los casos en los que la individual fuere lo más conveniente (Art. 6.2).

Cataluña no introduce de manera explícita el término "custodia compartida", pero la incorpora y la promueve pues tal como se afirma en el preámbulo de la ley, el objetivo es el de favorecer las fórmulas de coparentalidad y la mediación como herramienta para garantizar la estabilidad de las relaciones posteriores a la ruptura entre los progenitores, y la adaptación natural de las reglas a los cambios de circunstancias. Pero si no existe acuerdo, la autoridad judicial otorgará la guarda a ambos progenitores, o individualmente si conviene más al interés del hijo, y excepcionalmente a los abuelos, u otros parientes (art. 233-10).

Navarra, en este punto se asemeja a la legislación estatal de 2005. En la exposición de motivos de su ley considera este tema muy delicado y contempla que la custodia compartida se convierta en práctica excepcional en los supuestos en que no medie acuerdo entre los padres. En caso de que la solicitud de custodia compartida se realice por uno solo de los padres, el juez podrá acordar la guarda y custodia compartida o la custodia individual, oído el Ministerio Fiscal y previos dictámenes y audiencias que estime necesarios recabar, cuando así convenga a los intereses de los hijos (Art. 3.2).

La comunidad de Valencia, en el preámbulo plantea el principio de coparentalidad en el cuidado y educación de los menores y más adelante enuncia que a falta de pacto como regla general la autoridad judicial atribuirá a ambos progenitores, de manera compartida, el régimen de convivencia con los hijos e hijas menores de edad, sin que sea obstáculo para ello la oposición de uno de los progenitores o las malas relaciones entre ellos (art. 5.1).

Por último en el País Vasco, en la exposición de motivos de la ley enuncia que se regula la custodia compartida como régimen más adecuado en los casos de separación y divorcio, atendiendo a los requisitos establecidos en su articulado y siempre velando por el interés superior del menor. A falta de acuerdo entre las partes, el juez determinará las medidas que hayan de regir las relaciones familiares tras la ruptura de la convivencia, pero no explicita que la guarda deba ser compartida de forma preferente.

2.5. Criterios para otorgar la custodia de los hijos menores

La ley estatal de 2005 no establece criterios específicos para la atribución de la custodia compartida. Por otro lado, las leyes autonómicas sí tienen criterios comunes y otros singulares, expresados en su articulado –Aragón (Art. 6), Cataluña (Art. 233-11), Navarra (Art. 3.3), Valencia (Art. 5.3) y País Vasco (Art. 9.3)– que hemos resumido en la Tabla 1, construyendo una nueva redacción de síntesis en solamente 9 temas.

Podrían hacerse muchas matizaciones. Por ejemplo, respecto a la edad de los hijos Valencia especifica que "En los casos de menores lactantes, se podrá establecer un régimen de convivencia provisional, de menor extensión, acorde con las necesidades del niño o de la niña, que deberá ser progresivamente ampliado a instancia de cualquiera de los progenitores". Esto tiene que ver con la custodia progresiva, que va cambiando conforme cambian las circunstancias, un extremo especialmente señalado en el preámbulo de la ley catalana. O respecto a la opinión de los hijos, especialmente requerida a partir de los 12 y 14 años, *si tienen suficiente juicio* (Aragón, Navarra, País Vasco) o *madurez suficiente* (Valencia).

Tabla 1. Principales criterios para otorgar la custodia en la legislación autonómica

		A	C	N	V	PV
1a	La edad de los hijos.	x		x	x	x
1b	El número de hijos e hijas.					x
2a	El arraigo social, escolar y familiar de los hijos e hijas menores.	x		x	x	x
2b	La vinculación afectiva entre los hijos y con cada uno de sus progenitores, así como las relaciones con las demás personas que conviven en los respectivos domicilios.		x			x
2c	La relación existente entre los padres y, en especial, la actitud de cada uno de los progenitores para asumir sus deberes, respetar los derechos del otro y, en especial, cooperar entre sí y garantizar la relación de los hijos con ambos progenitores y sus familias extensas.		x	x		x
3	La opinión de los hijos.	x	x	x	x	x
4	La aptitud y voluntad de los progenitores para garantizar las estabilidad, el bienestar procurar un entorno adecuado a los hijos, de acuerdo con su edad.	x	x	x		
5a	La posibilidad de conciliación de la vida familiar y laboral de los padres; las actividades de los padres y los hijos; así como la actitud, voluntad e implicación de cada uno de ellos para asumir sus deberes.	x	x	x	x	x
5b	La disponibilidad de cada uno de ellos para mantener un trato directo con cada hijo o hija menor de edad.				x	
5c	La situación de los domicilios de los progenitores, y los horarios y actividades de los hijos y de los progenitores, así como los apoyos con los que cuenten.		x			x
6	El tiempo que cada uno de los progenitores había dedicado a la atención (crianza y educación) de los hijos e hijas menores ante la ruptura y las tareas que efectivamente ejercía para procurarles el bienestar, y la capacidad de cada uno.		x		x	x
7	Los acuerdos en previsión de la ruptura o adoptados fuera de convenio antes de iniciarse el procedimiento.		x	x		
8	Los informes sociales, médicos, psicológicos y demás que procedan				x	x
9	Cualquier otra circunstancia concurrente en los progenitores o en los hijos e hijas que resulte relevante para el régimen de convivencia	x		x	x	x

Nota: A, Aragón; C, Cataluña; N, Navarra; V, Valencia; PV, País Vasco.

Fuente: Elaboración propia a partir de las Leyes Autonómicas.

2.6. Instrumentos específicos de pacto para alcanzar un acuerdo entre los progenitores sobre la custodia de los hijos

El convenio regulador, que debe plasmar las relaciones personales y económicas entre las partes y respecto de los hijos, es un instrumento común a la legislación estatal de 2005 y a las leyes autonómicas. Pero algunas legislaciones autonómicas establecen otro tipo de instrumentos de pacto específicos, como complemento o sustituto del convenio regulador, dirigidos a consensuar todos los detalles del ejercicio de la guarda y custodia, es decir del régimen de estancias de los hijos con sus progenitores. Navarra de nuevo es la excepción, no menciona ningún instrumento específico.

Así, en Aragón la ley sustituye el concepto de convenio regulador por el *Pacto de relaciones familiares* (Art. 3), y también se exige en la vía judicial que cada uno de los padres proponga un *plan de relaciones familiares,* del cual no precisa su contenido. En Cataluña el *Plan de parentalidad* (Art. 233-10), tanto si el proceso legal es consensuado como si es contencioso, los cónyuges deben concretar la forma en que ambos progenitores ejercen las responsabilidades parentales, y deben hacerse constar los compromisos que asumen respecto a la guarda, el cuidado y la educación de los hijos. En Valencia en el *Pacto de convivencia familiar* (Art. 4) cuando los progenitores no convivan o cuando su convivencia haya cesado, acordarán los términos de la relación con sus hijos e hijas. Y por último, en el País Vasco dentro del *convenio regulador* (Art. 5. a) se incluyen algunos aspectos coincidentes con los recogidos en el *Plan de Parentalidad* de Cataluña.

En la Tabla 2, resumimos los aspectos comunes del contenido de los pactos previstos por las diferentes leyes autonómicas relacionados con la vida familiar.

Es importante señalar que estos pactos en la mayoría de los casos pueden modificarse o extinguirse por mutuo acuerdo, cuando cambien las circunstancias, por incumplimiento grave o reiterado de las obligaciones establecidas en ellos, entre otras razones.

En algunos casos, además de los temas incluidos en la Tabla 2, un convenio regulador también puede contener acuerdos de orden económico no concernientes a los hijos como la liquidación del régimen económico matrimonial, la pensión compensatoria, así como la atribución de la vivienda familiar.

Tabla 2. Contenidos de los instrumentos de pacto en la legislación autonómica

		A	C	V	PV
1a	El régimen de convivencia y/o de relaciones (o de visitas) con los hijos e hijas para garantizar un contacto habitual con cada progenitor. Deben incluirse reglas que permitan determinar a qué progenitor le corresponde la guarda en cada momento.	x	x	x	
1b	El lugar o lugares donde vivirán los hijos o hijas, determinando cuál figurará a efectos de empadronamiento, que deberá coincidir preferentemente con el de aquel de los progenitores que, en cómputo anual, pasen la mayor parte del tiempo.		x	x	x
2a	El régimen de relación y comunicación con los hijos durante los períodos en que un progenitor no los tenga con él.		x		x
3	El régimen de relación de los hijos e hijas con sus hermanos y hermanas, abuelos y abuelas, y otros parientes y personas allegadas, teniendo en cuenta el interés de aquéllos.	x	*	x	x
4	El régimen de estancias de los hijos con cada uno de los progenitores en períodos de vacaciones y en fechas especialmente señaladas para los hijos, para los progenitores o para su familia.		x		
5	La forma en que deben hacerse los cambios en la guarda y, si procede, cómo deben repartirse los costes que generen.		x		x
6	Las tareas de que debe responsabilizarse cada progenitor con relación a las actividades cotidianas de los hijos. El cumplimiento de los deberes referentes a la guarda y custodia, su cuidado y educación y su ocio. El tipo de educación y las actividades extraescolares, formativas y de tiempo libres, si procede.		x		x
7	La forma de cumplir el deber de compartir toda la información sobre la educación, la salud y el bienestar de los hijos.		x		
8	La forma de tomar las decisiones relativas al cambio de domicilio y a otras cuestiones relevantes (educación, salud, bienestar, residencia habitual...) para los hijos.		x		x
9	La cuantía y el modo de satisfacer los gastos ordinarios y extraordinarios de los hijos e hijas, incluidos en su caso los hijos mayores de edad o emancipados que no tengan recursos económicos propios, la forma de pago, los criterios de actualización y, en su caso, las garantías de pago.	x			x

Nota 1: A, Aragón; C, Cataluña, V, Valencia; PV, País Vasco.

Nota 2: Navarra no contempla de forma explícita ninguno de los contenidos de esta tabla.

* En Cataluña se incluye en el Convenio regulador

Fuente: Elaboración propia a partir de las Leyes Autonómicas.

2.7. Régimen económico matrimonial que puede favorecer o perjudicar un acuerdo pactado sobre la custodia de los hijos

El derecho civil propio de Cataluña y Baleares tiene sus antecedentes en el derecho visigótico (entroncado en el derecho romano), mientras que el resto de cuerpos jurídicos deben considerarse pertenecientes al derecho canónico de la genealogía napoleónica. Dicha diferencia se expresa claramente en el régimen económico matrimonial. En las dos primeras, a no ser que los interesados expresen lo contrario en el momento de contraer matrimonio, rige por defecto el régimen de separación de bienes. En todas las demás se aplica por norma el régimen de comunidad de bienes, también llamado gananciales.

Esta distinción es de suma importancia porque en los procesos judiciales de divorcio con frecuencia el punto de desencuentro entre los cónyuges, no es la custodia de los hijos, sino las cuestiones económicas y patrimoniales. De manera que, si este asunto ya está resuelto de antemano por la normativa legal, o porque se haya firmado un contrato prematrimonial, lo cual cada vez es más frecuente en previsión de una futura ruptura, se allana el camino hacia un acuerdo consensuado sobre el resto de asuntos relacionados con la vida familiar de los hijos.

3. FUENTES DE DATOS Y METODOLOGÍA

En estudios anteriores sobre Cataluña, hemos constatado una relación muy clara entre la democratización del divorcio (altos niveles de divorcio, un fenómeno nuclear de la STD), el grado de consenso en los procesos legales de ruptura (los llamados *de mutuo acuerdo*) y la mayor prevalencia de la custodia compartida (Solsona *et al.*, 2014; Solsona y Spijker, en prensa).

Siguiendo esta misma línea, en esta ocasión nos proponemos ampliar nuestro ámbito territorial de estudio a todas las comunidades autónomas para dilucidar hasta qué punto la existencia de una legislación específica es la que explica la variabilidad de la custodia compartida en España. De forma complementaria, queremos aportar evidencias empíricas sobre otros factores, vinculados con la STD y la división sexual del trabajo, que expliquen esta variabilidad territorial.

3.1. Unidad de análisis

A pesar de que la legislación es autonómica, en el sentido que afecta a todas las unidades territoriales de la Comunidad Autónoma, se ha considerado imprescindible contar con un marco de referencia más desagregado, lo que nos ha de permitir observar hasta qué punto una misma legislación tiene un efecto distinto en el territorio donde se aplica. En este sentido, la provincia, con algunas limitaciones que describiremos más adelante, se ha considerado como la unidad de análisis óptima, siendo el porcentaje de custodia compartida en ella la variable a explicar.

3.2. Variable dependiente

La información sobre la custodia compartida proviene de los microdatos de los *Boletines estadísticos de sentencias de separaciones, divorcios y nulidades.*[7] Desde el año 2007, estos microdatos incluyen información sobre los acuerdos de la custodia y las disoluciones matrimoniales de parejas homosexuales y sobre la nacionalidad de los cónyuges. Cada registro de divorcio contiene detalles demográficos de cada uno de los cónyuges, del matrimonio e información relativa al proceso legal. En cuanto al último, incluye información sobre el fallo (divorcio, separación o nulidad), si el proceso judicial fue contencioso o de mutuo acuerdo, el número de menores involucrados y –de interés especial para nuestro estudio– el tipo de custodia acordado.

Con el fin de conseguir una mayor homogeneización con el resto de variables, así como por haber considerado que se trata de procesos poco comparables, en el cálculo de la proporción de custodia compartida se han excluido los divorcios de los matrimonios entre dos extranjeros, las separaciones y nulidades matrimoniales, las rupturas de las parejas de hecho y los divorcios de las parejas homosexuales; así como se ha limitado la edad de la mujer en 18-54 años.

A modo de resumen diremos que la variable dependiente es el porcentaje de custodia compartida otorgada a divorciados de matrimonios heterosexuales, con hijos menores de 18 años, en los que la mujer tiene de 18 a 54 años, y en las que por lo menos uno de los cónyuges tiene la nacionalidad española; un criterio parecido al que se va a tomar en la mayoría de variables independientes.

3.3. Variables independientes

Teniendo como base el estudio citado sobre Cataluña, los factores utilizados para profundizar en la variabilidad provincial de la custodia compartida, mostra-

---

[7] El INE tiene un acuerdo con el Consejo Superior del Poder Judicial (CGPJ) desde el año 1996 para publicar este boletín estadístico que se rellena en el juzgado de forma telemática en al aplicativo Punto Neutro Judicial del INE cada vez que se dicta una sentencia de divorcio, separación o nulidad. La Reforma de la Ley de Divorcio 2005 aceleró el proceso judicial y mejoró este registro estadístico. Para fines de investigación, la información es anonimizada y se pone a disposición de los investigadores dos tercios de los decretos.

do en Figura 1, tienen que ver con factores relacionados con la STD. A nuestro entender la frecuencia de la custodia compartida depende no solamente de las leyes vigentes en un territorio determinado sino también de los cambios ideacionales propios de las nuevas dinámicas familiares en España. En este sentido, la emergencia de patrones de género más igualitarios en el mercado de trabajo y en el ámbito doméstico que suponen una capacidad de negociación más equitativa, pueden facilitar los acuerdos respecto al cuidado de los hijos en el postdivorcio.

A continuación se proporciona una breve descripción de las variables incluidas en el análisis para testar su efecto sobre la prevalencia de la custodia compartida a nivel provincial (puede complementarse en la Tabla 1 del anexo).

- Leyes de divorcio autonómicas que hacen una referencia explícita al cuidado de los hijos en el postdivorcio (cinco CCAA) o ley específica sobre la separación de bienes en el caso de las Islas Baleares (Ley+). Ley+ es una variable dicotómica donde las provincias de estas seis CCAA figuran como categoría de referencia. Cabe destacar que hemos incluido el País Vasco aunque la ley entró en vigor un año después del último año de las cifras de la custodia compartida que analizamos (2014). El motivo principal de esta decisión es que desde 1999 el País Vasco ha venido registrando un porcentaje de divorcios consensuados superior a la media española; un factor que en otras CCAA ha sido claramente precursor al aumento de la custodia compartida en los años anteriores a la ley. De manera que la práctica judicial de pacto entre los cónyuges se adelanta a lo que finalmente contempla la nueva ley.
- Cohabitación (COHAB). Uno de los cambios más destacados durante las últimas tres décadas en España es el aumento de la cohabitación, fenómeno central de la STD. Como sucede con la mayoría de indicadores, la base para el cálculo son las parejas heterosexuales no extranjeras, con hijos menores de 18 años, y en las que la edad de la mujer está comprendida entre 18 y 54 años.
- Índice Sintético de Divorcio (ISD). Legalizado en España desde 1981, el divorcio presenta aún grandes diferencias territoriales. El ISD es un indicador que tiene en cuenta no solamente el número de divorcios, sino también los diferentes tamaños de las cohortes de matrimonios. Debe leerse como el porcentaje de matrimonios que terminaría en divorcio si las condiciones actuales se repitiesen a lo largo de toda la vida[8] (Figura 2).

[8] Aunque de cálculo mucho más complejo, el ISD es un indicador análogo al índice sintético de fecundidad. Si en éste se tienen en cuenta las mujeres en edad fecunda, es decir comprendidas entre 15 y 49 años, en el ISD se contabilizan los divorcios que se producen desde el momento del matrimonio hasta 35 años después, por considerarse que a partir de este momento el número de divorcios ya es muy reducido, y no afecta a otros indicadores, como la misma fecundidad (Spijker y Solsona, 2012).

— Divorcios por Separaciones de Parejas de Hecho (DIVxHECHO). Relación entre el número de divorcios y el número de separaciones de parejas de hecho. La inclusión de este indicador, complementario al porcentaje de cohabitantes, parte de la hipótesis de que una mayor proporción de separaciones de parejas de hecho es un reflejo de menor tradicionalidad en el ámbito familiar; y se ha incluido a pesar de que no se han podido incluir las custodias otorgadas en los procesos de ruptura de parejas de hecho con hijos en la variable dependiente (porque se carece de información sobre quien obtuvo la custodia).

— Divorcios de Mutuo Acuerdo (DIVCONS). Porcentaje de divorcios que se han resuelto por mutuo acuerdo. Se trata de un indicador del grado de consenso en los procesos legales de ruptura, asociado con la capacidad de negociación de ambos miembros de la pareja (Figura 3).

— Parejas de doble ingreso (PDI). La situación laboral de ambos miembros de la pareja tiene una importancia capital en los procesos de divorcio y en sus consecuencias, porque la situación ocupacional incide directamente en el poder negociador de ambos miembros. Por este motivo se han tomado dos indicadores de ocupación. El primero, el porcentaje de parejas de doble ingreso por tratarse del modelo claramente en ascenso y encontrarse claramente vinculado con la igualdad de género (Figura 4).

— Parejas donde sólo trabaja el hombre (TRAB_H_S). El segundo indicador de situación laboral de las parejas es el modelo tradicional, opuesto al primero, denominado como el de único sustentador masculino. Este modelo, todavía mayoritario a principios de la anterior década, ha ido perdiendo importancia en beneficio de las parejas de doble ingreso. Es un indicador de desigualdad de género que identificará las regiones donde los roles de género son más tradicionales.[9]

— Parejas con ambos miembros universitarios (UNIV). La educación es, sin duda, un buen indicador de igualdad de género ya que aumenta el poder negociador y la posibilidad de resolución de conflictos. Igual que en la ocupación, se han construido dos indicadores de nivel de estudios. El primero se corresponde con el porcentaje de parejas en las que ambos miembros tienen estudios universitarios, parejas donde el poder negociador de ambos cónyuges será mayor.

---

[9] Se barajó la posibilidad de cambiar este indicador por la proporción de parejas en las que solamente trabaja la mujer. Ahora bien, este indicador tiene dos caras que de algún modo se contraponen. En primer lugar, y tal y como sucede con las parejas de doble ingreso, se encuentra claramente relacionado con la capacidad negociadora de la mujer. En segundo lugar, y más en un momento como el actual, de fuerte crisis económica y una tasa de paro muy alta, un elevado porcentaje de parejas en las que solamente trabaja la mujer está asociado, en buena parte, al desempleo masculino.

— Parejas con ambos miembros con estudios primarios (OBLIG). El segundo indicador de estudios, se encuentra en el extremo contrario, es decir las parejas en las que ambos miembros tienen estudios de primaria o menos, y en consecuencia predominarán los roles de género más tradicionales.

— Distribución igualitaria en el trabajo no remunerado (TNR). Este es un indicador directo de igualdad en el seno de las parejas, que contabiliza, a partir de las Encuestas de Empleo del Tiempo[10], las horas que él y ella dedicaban al conjunto del trabajo no remunerado en un día cualquiera. Por distribución igualitaria entendemos que cada miembro de la pareja realiza como mínimo el 40% del total de tiempo de TNR.

3.4. Ámbito temporal y diversidad territorial

Desde una perspectiva temporal, y considerando que algunas de las legislaciones son muy recientes o incluso no estaban todavía en curso durante el periodo que analizamos la custodia compartida (2012-14), el criterio que ha prevalecido ha sido utilizar siempre la información más reciente disponible en las fuentes de datos.

El las figuras que siguen se aprecia claramente una gran diversidad en el interior de las Comunidades Autónomas, no únicamente en relación a la variable dependiente, la custodia compartida, sino también en relación a las variables explicativas más representativas. Por poner un ejemplo, en Cataluña, Barcelona y Girona destacan por tener una custodia compartida mucho más elevada que Lleida y Tarragona, guardando así mayor armonía con la prevalencia del consenso, a pesar de que la intensidad del divorcio y la presencia parejas de doble ingreso es comparable en las cuatro provincias.

---

[10] Como muestra la Tabla 1 del Anexo, la fuente utilizada han sido las dos versiones (2002-2003 y 2009-2010) de las Encuestas de Empleo del Tiempo disponibles a día de hoy. A pesar de que se consideraba óptimo contar solamente con la última, su reducido tamaño muestral ha aconsejado incluir también la primera. Además, en estas encuestas solo se dispone de información a nivel de Comunidad Autónoma y no de provincia. Por ello, se ha tenido que optar por asignar a todas las provincias el valor del conjunto de la Comunidad. A pesar de que esto comporta una pérdida importante de variabilidad, ha prevalecido sobre la imposibilidad de disponer de otra información tan valiosa como la que ofrece esta encuesta.

Figura 1. Custodia compartida (%), 2012-14

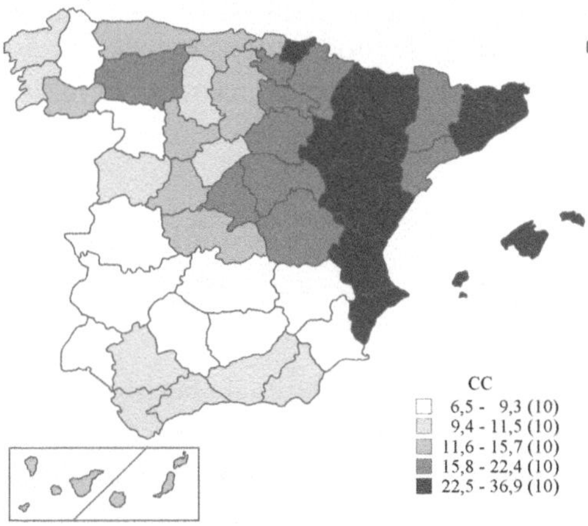

Figura 2. Índice Sintético de Divorcio, 2012-14

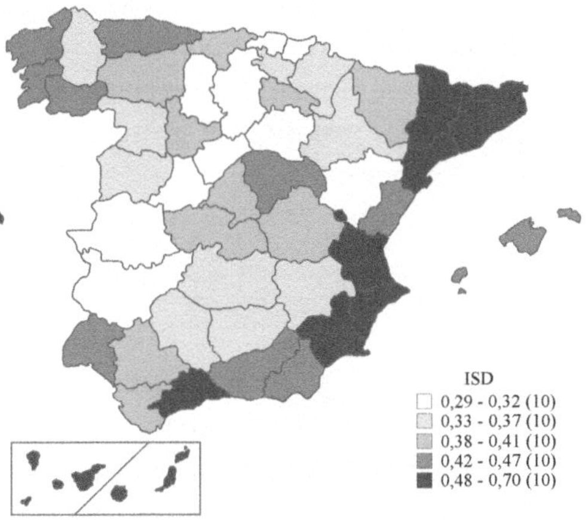

Figura 3. Divorcios mutuo acuerdo (%), 2012-14

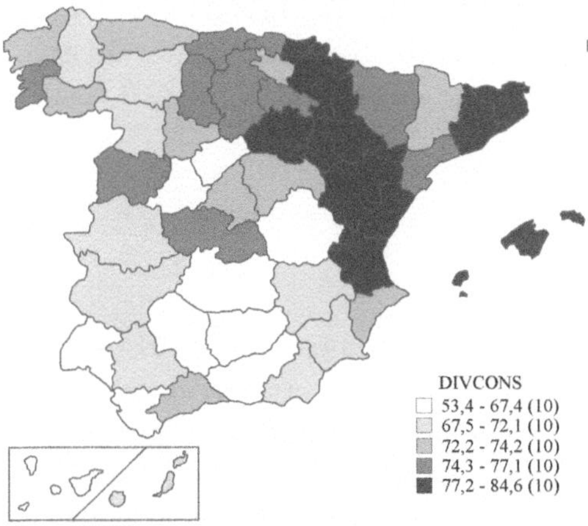

Figura 4. Parejas de doble ingreso (%), 2012-14

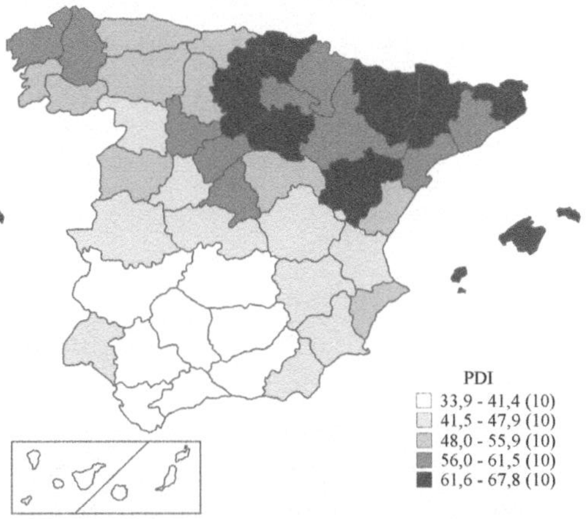

Fuente: ver Tabla 1.

3.5. Metodología

Con el fin de evaluar la incidencia de las distintas variables sobre la custodia compartida se han utilizado modelos lineales generales, tomando como unidad de análisis la provincia. Así, habiéndose descartado las ciudades autónomas de Ceuta y Melilla, se cuenta con 50 unidades territoriales.

En primer lugar, se analiza la incidencia de cada una de las nueve variables independientes sobre la custodia compartida. Se confirma que la variable con mayor incidencia es disponer o no de una ley que la regule. Esta variable también está relacionada con el resto de variables independientes, de modo que se han generado modelos que combinan la presencia o no de ley, con cada una de las ocho variables independientes restantes. A grandes rasgos estos modelos pueden resumirse de la siguiente manera:

$Y_i = \beta_1 + \beta_1 * X_1 + \beta_2 * X_2 + e$. Siendo Y_i la proporción de custodia compartida en cada provincia, X_1 las provincias que disponen de legislación propia (Ley+) y X_2 cada una de las variables independientes por separado.

En el caso de la ley, se ha utilizado como categoría de referencia las provincias que no tienen legislación, de modo que β_1 es, a igualdad de la característica X_2, la diferencia entre las provincias que disponen legislación y las que no.[11] Por su parte, el coeficiente β_2 debe leerse como el efecto de la variable X_2 en la custodia compartida. Se trata, en este caso, del efecto neto, el que puede atribuirse directamente a la variable X_2 y no al hecho de disponer o no de ley. Su lectura debe realizarse en términos de los cambios producidos en la custodia compartida al aumentar una unidad la variable X_2 (por ejemplo, si el valor que acompaña a la cohabitación fuese de 2, significaría que, a igualdad de ley, si en una provincia la cohabitación es un punto porcentual mayor que en otra, el porcentaje de custodia compartida sería dos puntos superior).

4. RESULTADOS

De la evolución de la custodia compartida en España entre 2007 y 2014 destaca el incremento de la prevalencia del fenómeno y el de su dispersión territorial, siendo ambos más evidentes a partir del año 2010. En cuanto al aumento de la prevalencia cabe destacar que en pocos años prácticamente se ha duplicado la custodia compartida en España, pasando de estar situada por debajo del 10% a valores próximos al 20%. Respecto de la dispersión provincial, observamos que mientras en el trienio 2009-2011 los máximos y mínimos provinciales de custodia compartida se situaban entre el 4,0% de Córdoba y el 19,3% de Burgos; en el siguiente trienio, 2012-2014, estos mismos valores se sitúan entre el 6,5% de Huelva y el 36,9% de Girona. A partir del año 2010, y a pesar de que el incremento es generalizado, observamos dos evoluciones distintas en las provincias. Mientras en unas se observa un incremento mode-

[11] En el modelo bivariado este coeficiente es directamente la diferencia entre ambos tipos de provincia. En este caso, además, la intersección (β_0) debe leerse como el valor de la custodia compartida en las provincias que no disponen de ley de custodia compartida (categoría de referencia).

rado, en otras la custodia compartida crece de forma considerable. Entre las primeras destacan las provincias del sur de España –Andalucía, Extremadura y la Región de Murcia, principalmente–, mientras que en el extremo opuesto, la provincia en la que se ha observado un mayor incremento de la custodia compartida es Girona, con un 43,9% de sentencias de custodia compartida en 2014.

Para el periodo 2012-14, objeto de nuestro análisis, la geografía de la custodia compartida (Figura 1), muestra claramente que las provincias pertenecientes a CCAA sin legislación propia son también las que mantienen niveles más bajos de custodia compartida (7-12%); mientras que también se evidencia la situación contraria. Por tanto, nuestra hipótesis de partida queda confirmada. En efecto, disponer de un marco legislativo propio explica el 68% de la variabilidad territorial de la custodia compartida: en las provincias que cuentan con legislación propia, la custodia compartida es 14,3 puntos superior a aquellas que carecen de ley (Tabla 3). Interpretamos que las leyes expresan, y a la vez promueven, una forma determinada de abordar la coparentalidad después del divorcio, que no se puede desvincular de las transformaciones familiares propias de la STD, fruto en gran medida de la emergencia de relaciones de género más equitativas.

A continuación, presentamos nuestros hallazgos procedentes de los modelos bivariables y trivariables, así como de un análisis factorial que clarifica el calidoscopio de la custodia compartida en España.

4.1. Modelos bivariables y trivariables

Existe una fuerte correlación directa entre el divorcio por consenso y peso de la custodia compartida, de modo que las provincias que presentan un punto porcentual más de sentencias consensuadas, muestran 0,87 puntos porcentuales más de custodia compartida (p-valor $< 0,01$). Esta relación se constata en la representación cartográfica de ambas variables (Figura 1 y Figura 3) donde se observan patrones territoriales muy parecidos. Además, y a pesar de que se reduce la importancia del cambio, la relación sigue siendo significativa si se elimina el efecto perturbador de contar con una ley propia sobre custodia compartida. Así, a pesar de que la ley incide en ambas variables facilitando tanto la custodia compartida como el consenso, la relación entre ambas sigue siendo significativa al controlar por la existencia de la ley (p-valor $< 0,01$).

Si las correlaciones entre legislación y custodia compartida y entre consenso en los procesos y custodia compartida son intensas, no puede decirse lo mismo del resto de variables analizadas, en las que la correlación es mucho menor –o en algunos casos incluso no significativa– y prácticamente inexistente al controlarse por la existencia o no de una ley de custodia compartida.

No existe ninguna evidencia de que la intensidad del divorcio, medida a partir del Índice Sintético de Divorcio, tenga incidencia alguna sobre la prevalencia de la custodia compartida (p-valor $> 0,10$). Algunas de las provincias que ejemplifican esta falta de correspondencia podrían ser Zaragoza, donde un bajo nivel de divorcio va acompañado de una elevada custodia compartida o Santa Cruz de Tenerife, que presenta el ISD provincial más elevado, mientras que la custodia compartida apenas alcanza el 13%.

En cambio, y aunque la intensidad es moderada ($R^2 = 0,105$), sí que se observa cierta correlación entre cohabitación y custodia compartida, de modo que las provincias donde mayor es la cohabitación son también aquellas en las que la custodia compartida es más importante (p-valor $< 0,05$). Esta relación es significativa a pesar de la existencia de algunas excepciones que la amortiguan. Las más importantes se corresponden con las dos provincias canarias, Las Palmas y Santa Cruz de Tenerife, donde la cohabitación es, históricamente, muy elevada -alrededor del 25%- mientras que la custodia compartida se mantiene en valores poco importantes. En términos generales, las comunidades autónomas que han elaborado una ley de custodia compartida son también aquellas en las que la cohabitación también era más elevada, de modo que la relación entre custodia compartida y cohabitación se reduce al controlar por la presencia de una ley de custodia compartida, a pesar de que sigue siendo significativa (p-valor $< 0,05$).

Esta relación con la custodia compartida no se observa con la otra variable que, de algún modo, hace referencia a la cohabitación, el cociente entre divorcios y separaciones de parejas de hecho (DIVxHECHO). Esperábamos que en las provincias donde mayor es este cociente, menor sería el número de custodias compartidas, una relación que los datos desmienten (p-valor $> 0,10$). Es posible que exista un importante componente de azar en esta variable, sobre todo en las unidades territoriales menos pobladas, pero también de que sea un indicador de dos realidades antagónicas: un valor bajo puede darse tanto en un contexto de elevada desinstitucionalización de la unión y, consecuentemente, de pocos divorcios de matrimonios; como de un elevado número de matrimonios que no llegan a disolverse, mientras que sí lo hacen las escasas parejas de hecho existentes.

Tabla 3. Relación bivariable y trivariable (controlando por Ley+) entre la custodia compartida y las variables explicativas

	Bivariable			Trivariable (Ley+ más otra variable independiente)				
				Variables independientes		Variable Ley+		
Variable	β	Sig.	R^2 corregido	β	Sig.	β	Sig.	R^2 corregido
Ley+ (ref. no Ley+)	0,143	***	0,680					
COHAB	0,710	**	0,105	0,346	**	0,137	***	0,702
ISD	0,179		0,016	0,081		0,141	***	0,680
DIVxHECHO	0,007		0,019	0,012		0,144	***	0,678
DIVCONS	0,872	***	0,442	0,350	***	0,115	***	0,721
PDI	0,486	***	0,354	0,161	**	0,124	***	0,701
TRAB_H_S	-0,832	***	0,316	-0,199		0,129	***	0,686
UNIV	0,312		0,018	0,074		0,142	***	0,675
OBLIG	-0,328	***	0,136	-0,103		0,136	***	0,687
TNR	0,879	***	0,153	-0,112		0,148	***	0,675

Nivel de significación: *p < 0,10; **p < 0,05; ***p < 0,01.

Fuente: Elaboración propia.

En cuanto a las dos variables vinculadas con la situación ocupacional de las parejas –porcentaje de parejas de doble ingreso y porcentaje de parejas en las que solamente trabaja el hombre (PDI y TRAB_H_S, respectivamente)–, la relación que mantienen con la prevalencia de la custodia compartida es la esperada. Una mayor presencia de parejas de doble ingreso va acompañada de una mayor presencia de custodia compartida (compare Figura 1 con Figura 4), mientras que cuando el modelo dominante en la provincia es el tradicional, denominado como único sustentador masculino, la custodia compartida es claramente inferior. Ambas relaciones son claramente significativas en el modelo bivariable, mostrando coeficientes de determinación próximos al 35% (p-valor < 0,01). Al evaluar ambas relaciones teniendo en cuenta la existencia de la ley, la variable *parejas de doble ingreso* pierde parte de su poder explicativo, mientras que la variable *trabaja solo el hombre* deja de ser significativa (p-valor < 0,05 y p-valor > 0,10, respectivamente). La explicación más plausible para estos cambios es que el desarrollo de la ley ha tenido lugar en comunidades autónomas –y en consecuencia en provincias– donde el modelo tradicional se encontraba en clara decadencia, siendo sustituido por el modelo de parejas de doble ingreso.

Con respecto a las variables relacionadas con el nivel de estudios de las parejas –porcentajes de parejas en las que ambos miembros tienen estudios universitarios (UNIV) y de parejas en las que ambos miembros disponen solamente de estudios obligatorios (OBLIG)–, si bien la relación que mantienen con la custodia compartida va siempre en el sentido esperado, no es significativa en todos los casos: en las provincias con un mayor número de universitarios se advierte una mayor prevalencia de custodia compartida, aunque la relación no es significativa (p-valor $>$ 0,10); mientras que un mayor número de parejas con bajos niveles de estudios va acompañada de una menor custodia compartida (p-valor $<$ 0,01). Tal y como sucede con la situación ocupacional, ambas relaciones pierden poder explicativo al controlar por la presencia de ley, pasando ambas a ser no significativas.

Por otro lado, la igualdad en el tiempo empleado en trabajo no remunerado por parte de ambos miembros de la pareja (TNR) sí que mantiene una relación positiva (15%) con la custodia compartida (p-valor $<$ 0,01), de modo que en las provincias donde las tareas no remuneradas se comparten en mayor medida, la prevalencia de la custodia compartida es más elevada. Esta relación también deviene no significativa si se analiza la influencia que ejerce la presencia de una ley de custodia compartida.

Además, de las relaciones descritas entre cada una de las variables independientes y la mayor o menor presencia de custodia compartida, es menester destacar que algunas de las variables independientes se encuentran fuertemente relacionadas entre ellas. Observamos una fuerte correlación positiva entre cohabitación e índice sintético de divorcio (R = 0,806), entre divorcios consensuados y presencia de parejas de doble ingreso (R = 0,746); y fuertes correlaciones inversas entre trabajar solamente el hombre y las parejas de doble ingreso (R = − 0,832), entre las parejas de doble ingreso y aquellas en las que los dos miembros solamente han alcanzado la educación obligatoria (R = − 0,821), o entre estas últimas y las parejas en las que ambos son universitarios (R = − 0,705). Si a estas añadimos las correlaciones intermedias observamos que un buen número de variables apuntan en una misma dirección.

Por este motivo, es útil resumir el conjunto de variables independientes, excepto la presencia o no de ley de custodia compartida, en un número menor de factores que acumulen la máxima información posible de todas y cada una de las variables, utilizando un análisis factorial de componentes principales.

4.2. Reducción de las variables explicativas a dos factores: la segunda transición demográfica y el contrato de género de igualdad

Una vez realizado el análisis factorial correspondiente, se han extraído dos factores extraídos que explican un 70,1% del total de la varianza. En la Figura 5 se muestra la posición de cada variable con respecto a cada uno de los componentes, una vez realizada la rotación. El factor 1 acumula el 43% de la variancia inicial, mientras que el factor 2 el 27% restante.

Figura 5. Componentes de los factores 1 y 2 en el espacio rotado

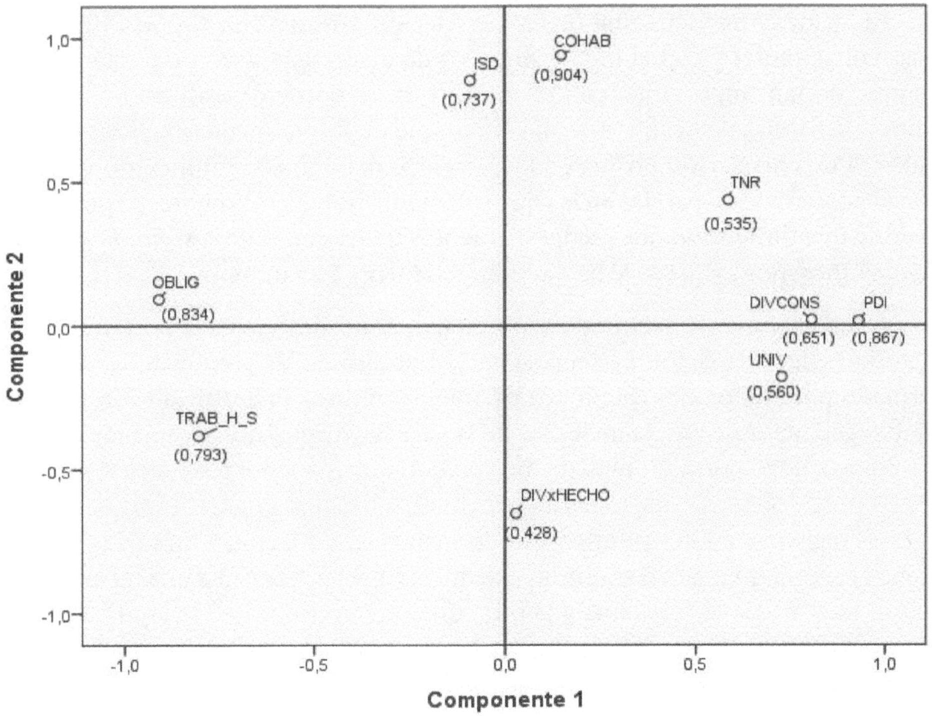

Entre paréntesis, debajo de cada variable, se muestra la comunalidad correspondiente (proporción de la variancia explicada por los factores del modelo).

Fuente: Elaboración propia.

En cuanto al factor 1, observamos una fuerte asociación positiva con las variables parejas de doble ingreso, divorcios por consenso, porcentaje de parejas formadas por dos universitarios y con el reparto igualitario del trabajo no remunerado, aunque en este caso no exclusivamente. En el extremo contrario, y con elevadas correlaciones negativas, nos encontramos con el porcentaje de parejas en las que ambos miembros disponen solamente de los estudios obligatorios, así como con aquellas en las que solamente trabaja el hombre. Ambos extremos dan un contenido concreto a esta dimensión, el cual se refiere a una capacidad negociadora más o menos igualitaria entre ambos miembros de la pareja: que ambos miembros estén ocupados, sean universitarios, el hecho de terminar un proceso de divorcio en consenso, un reparto más igualitario del trabajo no remunerado, son todos ellos indicadores de esta capacidad negociadora más acusada; mientras que si solamente trabaja el hombre, o cuando los estudios de ambos miembros son elementales, esta capacidad desciende. Por todo ello se ha considerado en bautizar a este factor como *contrato de género de igualdad*[12].

El factor 2 mantiene una fuerte correlación positiva con el porcentaje de parejas cohabitantes y con el índice sintético de divorcio, y una correlación inversa, aunque no tan importante, con el cociente entre número de divorcios y separaciones de parejas de hecho. Además, y aunque de forma menos explícita, también muestra un correlación positiva con el reparto del trabajo remunerado y negativa con el porcentaje de parejas en las que solamente trabaja el hombre. Se podría calificar de una dimensión que recoge elementos interesantes de la *segunda transición demográfica*, por lo que se le ha dado directamente este nombre.

El mismo análisis factorial proporciona para cada provincia las puntuaciones factoriales de cada factor. La representación gráfica de las provincias en el espacio formado por ambos ejes (Figura 6) permite identificar una distribución territorial muy sugerente. Además, la inclusión de la variable disposición de una ley de custodia compartida aporta un plus de interpretatibilidad a la representación gráfica ya que se puede observar que todas las provincias ubicadas en CCAA que tienen leyes propias registran valores positivos por lo menos en un factor, y más de la mitad en ambos factores. Llamativo es que las provincias que pertenecen a una misma CCAA suelen estar bastante cerca una a la otra, una característica que se repite tanto para las que tienen su propia ley como para las que no. Eso sugiere que en términos de factores de modernización social e igualdad de género las diferencias dentro de las CCAA son poco importantes. Uno de los ejemplos más claros corresponde a las Islas Canarias, que presentan indicadores muy elevados en las variables relacionadas con la segunda transición demográfica, como el divorcio y la cohabitación, pero valores muy moderados en los relacionados con el contrato de género de igualdad.

En cuanto a las provincias con ley propia, las Islas Baleares, Girona, Tarragona y Barcelona se distinguen por mostrar puntuaciones elevadas en ambos factores. Merece la pena destacar el caso de la Comunidad de Madrid que, a pesar de no disponer de ley de custodia compartida, se sitúa en una posición muy avanzada en cuanto al contrato de género, ubicándose próxima a otras provincias que disponen de una ley de custodia compartida muy reciente, como son los casos de Vizcaya y

[12] El término contrato de género permite operacionalizar el concepto de sistema de género y es tomado de Mahon, E. (1995) que se basa en los tres contratos de género identificados por Yvonne Hirdman para el caso de Suecia, que históricamente han evolucionado desde el contrato de ama de casa (equivalente al *breadwinner*); al contrato de igualdad (hombres y mujeres forman parte del mercado de trabajo) y finalmente al contrato de igual status (ambos comparten por igual trabajo asalariado y trabajo doméstico).

Guipúzcoa. Estos casos, si bien muestran puntuaciones elevadas en cuanto al contrato de género, no destacan en cuanto a los indicadores de la segunda transición demográfica, en los que se ubican en posiciones intermedias.

Otra conclusión que se deduce de la representación de las provincias en el espacio formado por el contrato de género de igualdad y la segunda transición demográfica es que la ley de custodia compartida está mucho más vinculada a aspectos relacionados con el contrato de género de igualdad que con la segunda transición demográfica. Así, a excepción hecha de las provincias de la Comunidad Valenciana, que tienen una posición próxima a cero –o en el caso de Alicante, incluso negativa–, en el resto, las puntuaciones correspondientes con el contrato de género son claramente positivas. Esta situación no se repite en el factor segunda transición demográfica, donde a pesar de cierta tendencia a la existencia de valores positivos en las provincias que disponen de ley, la distribución es mucho más heterogénea.

Figura 6. Representación de las provincias* en el espacio de los factores rotados obtenidos en el análisis de componentes principales. Provincias con y sin ley de custodia compartida

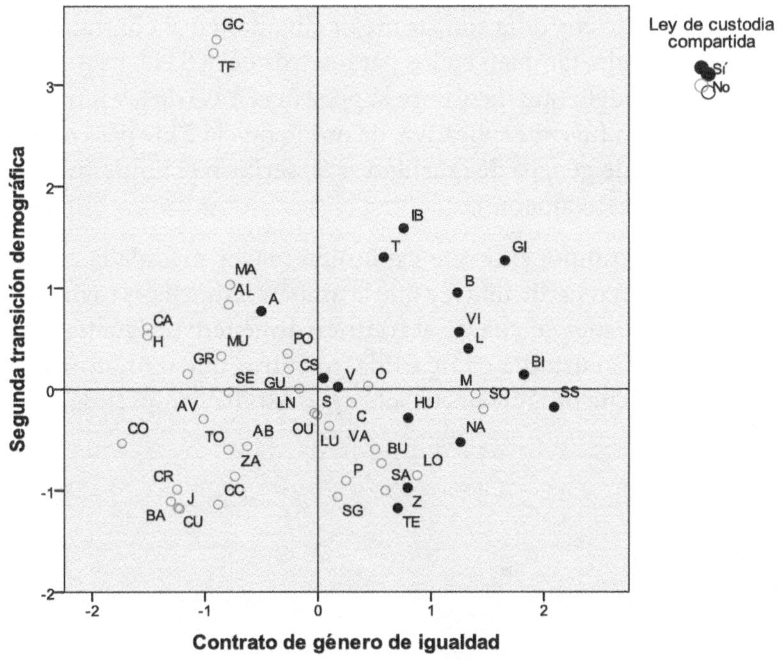

* La abreviación de las provincias se puede consultar en la Tabla 2 del anexo.

Fuente: Elaboración propia.

Para dar más claridad a la relación entre los factores y la custodia compartida se ha desarrollado un último análisis de regresión parecido al realizado con las variables individuales. En este caso se ha evaluado la relación entre la proporción de custodia compartida con cada uno de los factores, por separado, así como conjuntamente, incorporando en este caso la presencia o no de una ley de custodia (Tabla 4).

En primer lugar, cabe destacar la fuerte correlación entre el porcentaje de custodia compartida y el contrato de género de igualdad (Modelo 2), que presenta un coeficiente de determinación del 31,9%, de modo que situarse en posiciones avanzadas en el contrato de género está claramente asociado con una mayor custodia compartida. Esta situación no se observa de modo tan evidente con respecto a los elementos que componen la segunda transición demográfica (Modelo 3). Solamente un 3,7% de la variabilidad en el porcentaje de custodia compartida puede ser explicado por la variabilidad en la posición respecto de la STD (p-valor $< 0,10$).

Si bien estas relaciones son muy claras, no podemos olvidar la conclusión mostrada en la Figura 6, donde se ha destacado claramente que las provincias que disponen de una ley de custodia son las mejor situadas en el contrato de género y, aunque en menor grado, también en los parámetros de la STD. Es por este motivo que al generar un modelo que incorpore la presencia o no de ley junto con ambos factores, estos pierden fuerza explicativa, de modo que la STD pasa a ser no significativa y el contrato de género de igualdad se situaría en el límite (p-valor $> 0,10$ y -valor $< 0,10$, respectivamente).

Resumiendo, el componente que explica en mayor medida la custodia compartida es la existencia o no de una ley que la ampare. Aquellas provincias, exista o no ley, mejor posicionadas en cuanto al contrato de género de igualdad evidencian un plus en cuanto a la custodia compartida, mientras que un mayor progreso en cuanto a la STD no tiene ningún efecto sobre la custodia compartida.

Tabla 4. Coeficientes de las regresiones entre el porcentaje de custodia compartida y distintas variables: existencia o no de Ley+ (Modelo 1), contrato de género de igualdad (Modelo 2), segunda transición demográfica (Modelo 3) y el conjunto de variables (Modelo 4)

	Modelo 1		Modelo 2		Modelo 3		Modelo 4	
Variable	β	Sig.	β	Sig.	β	Sig.	β	Sig.
Ley+	0,143	***					0,123	***
Factor 1. Contrato de género			0,046	***			0,014	*
Factor 2. STD					0,019	*	0,007	
R^2 corregido	0,680		0,319		0,037		0,692	

Nivel de significación: *p < 0,10; **p < 0,05; ***p < 0,01.

Fuente: Elaboración propia.

5. A MODO DE CONCLUSIÓN

En este capítulo hemos analizado la variabilidad territorial de la custodia compartida en España, centrándonos en los divorcios de los matrimonios heterosexuales que tienen hijos menores de 18 años. Quedan fuera de nuestro estudio, colectivos importantes como las parejas de hecho, los matrimonios homosexuales y los formados por dos personas de nacionalidad extranjera, los cuales han recibido hasta el momento poca atención. Afortunadamente contamos con algunas excepciones para los dos últimos casos (Becerril y Jiménez, 2015; Domínguez, 2014). Sin embargo la ausencia de estadísticas sobre las características de las rupturas de las parejas de hecho con hijos menores hace muy difícil su abordaje.

De los resultados presentados aquí se puede concluir lo siguiente:

Primero. Disponer de una ley específica con instrumentos que favorecen el pacto entre los cónyuges respecto a cuidado de los hijos después del divorcio, desde luego favorece la coparentalidad después de la ruptura.

Segundo. La prevalencia de la custodia compartida registra diferencias en el seno de una misma comunidad autónoma como Cataluña con legislación propia, pero con desarrollos diferentes del contrato de género. En este sentido, Tarragona es paradigmática. Y dado que numerosos actores participan en la construcción y desarrollo de la reciente figura legal de la custodia compartida en España, más allá del legislador, probablemente sería útil ahondar en la práctica provincial de los operadores jurídicos.

Tercero. El contrato de género de igualdad se asocia de forma claramente positiva con la custodia compartida mientras que la relación entre las variables asociadas con la SDT y la custodia compartida no es evidente.

Cuarto. La custodia compartida es elevada en algunos territorios sin ley propia sobre custodia compartida en el año en estudio (2014), como el caso de Baleares (cuyo régimen de separación de bienes debe hacer más livianos los procesos), y el caso del País Vasco, cuya aprobación de la ley es posterior a 2014. Este caso es paradigmático del hecho de que la aprobación de una ley a favor de la coparentalidad post-divorcio acontece cuando las condiciones sociales son propicias, es decir cuando el contrato de género de igualdad ha alcanzado su desarrollo. Paradójicamente, Madrid mantiene niveles de coparentalidad post-divorcio inferiores a la potencialidad expresada por un contrato de género emergente con visos claros de igualdad. No obstante, es muy probable que en los próximos años se consoliden ritmos provinciales diferentes más vinculados a los contratos de género que a las legislaciones comunes.

6. BIBLIOGRAFÍA

Becerril, Diego y Jiménez, José Manuel (2015) *Acuerdos y desacuerdos: conflictividad en las rupturas de parejas homo y heterosexuales*, International Sociology Conference, Burgas (Bulgaria), 17 y 19 de septiembre.

Domínguez, Juan Antonio (2014) La ruptura de matrimonios entre españoles y extranjeros con menores. Una estadística comparada, *Papers,* nº 99(2), pp. 213-234.

Lesthaeghe, Ron (2010) The unfolding story of the second demographic transition, *Population and development review*, nº 36(2), pp. 211-251.

Mahon, Evelyn (1995) Contratos de género y políticas de cohesión social, *Política y Sociedad*, nº 19, Madrid, pp. 61-74

Solsona, Montse y Brullet, Cristina y Spijker, Jeroen (2014) Coparentalitat i custòdia compartida a Catalunya, *Documents d'anàlisi geogràfica*, nº 60(2), pp. 387-415.

Solsona, Montse y Spijker, Jeroen (en prensa) Does the 2010 Catalan Civil Code affect trends in joint physical custody? A comparison between Catalonia and the rest of Spain, *Population.*

Spijker, Jeroen y Solsona, Montse, (2012) Atlas of divorce and post-divorce indicators in Europe. Papers de Demografía, 412, Barcelona, Centre d'Estudis Demográfics, Universitat Autònoma de Barcelona.

Van De Kaa, Dirk J. (1987) Europe's second demographic transition. *Population Bulletin*, Vol. 42(1), pp. 1-59.

Tabla Anexo 1. Definiciones, fuentes y características de las variables

Variable	*Definición*	*Pobl.*	*Fuente*	*Periodo*	*España*	*Prov min*	*Prov max*	*D.E.*
Variable dependiente (VD)								
CC	% custodia compartida de la custodia otorgada	a	i	2012-14	18,44	6,52	36,88	7,93
Variables independientes (VI)								
Leyes autonómicas								
Ley+	Leyes de familia o separación de bienes	toda		Ver texto	N/A	0	1	N/A
COHAB	Parejas cohabitantes	b	ii	2011	13,7%	6,32%	26,0%	4,0%
ISD	Índice sintético de divorcio	c	i, iii	2012-14	0,43	0,29	0,70	0,09
DIVxHECHO	Divorcios por separaciones de parejas de hecho	d	i, iv	2012-14	1,66	0,65	2,85	0,46
DIVCONS	Divorcios de mutuo acuerdo	a	i	2012-14	73,1%	53,4%	84,6%	6,1%
PDI	Parejas de doble ingreso	e	v	2012-14	51,6%	33,9%	67,8%	10,0%
TRAB_H_S	Parejas donde sólo trabaja el hombre	e	v	2012-14	29,3%	17,0%	40,0%	6,1%
UNIV	Ambos con diploma universitaria	b	EPA	2012-14	16,9%	6,7%	34,4%	5,0%
OBLIG	Ambos con primaria o ESO	b	EPA	2012-14	24,4%	8,1%	42,8%	9,5%
TNR	Ambos comparten el trabajo no remunerado (40/60)	e	vi	2002-10	21,5%	13,8%	31,3%	3,7%

Población: a. Divorciados con hijos menores, mujer 18-54, excl. si ambos extranjeros; b. Mujer de 18-54 años que viven en pareja con hijos menores, excl. parejas de 2 extranjeros; c. Mujer de 18-54 años, excl. matrimonios en el extranjero y divorcios de 2 extranjeros; d. De divorciados y parejas de hecho con hijos menores; e. Parejas con hijos menores, la mujer tiene 18-54 años, excl. parejas de 2 extranjeros.

Fuentes: i. Boletines estadísticos de sentencias de separaciones, divorcios y nulidades (ver texto); ii. Censo de 2011 (*www.ine.es*); iii. Movimiento Natural de la Población: Matrimonios (*www.ine.es*); iv. Consejo General del Poder Judicial (Asuntos de primera instancia de familia; *www6.poderjudicial.es*); v. Encuesta de Población Activa (*www.ine.es*); vi. Encuesta de Empleo del Tiempo (*www.ine.es*).

Tabla Anexo 2.
Valor medio de las variables utilizado en los análisis, por provincia. 2012-14

Provincia	Inicial	CC	Ley+	COHAB	ISD	DIVxHECHO	DIVCONS	PDI	TRAB_H_S	UNIV	OBLIG	TNR
Álava	VI	22.1%	Sí	13.0%	0.360	1.114	73.9%	62.5%	24.8%	13.5%	10.8%	31.3%
Albacete	AB	8.0%	No	8.2%	0.346	1.444	70.9%	45.7%	32.2%	12.7%	29.5%	16.5%
Alicante	A	24.6%	Sí	14.0%	0.498	1.603	74.0%	48.8%	33.8%	11.0%	30.2%	21.4%
Almería	AL	11.3%	No	14.6%	0.467	1.664	70.1%	46.9%	29.5%	7.4%	42.0%	19.8%
Ávila	AV	12.5%	No	12.6%	0.290	1.378	66.7%	42.0%	38.8%	7.3%	30.2%	19.5%
Badajoz	BA	8.5%	No	8.7%	0.327	1.993	70.1%	38.6%	40.0%	11.2%	40.1%	13.8%
Baleares (Illes)	IB	27.8%	Sí	21.5%	0.468	1.174	77.7%	63.5%	20.5%	13.0%	25.7%	19.6%
Barcelona	B	33.8%	Sí	17.8%	0.484	1.635	81.8%	61.4%	23.0%	18.8%	20.6%	23.8%
Burgos	BU	15.4%	No	9.4%	0.313	1.427	74.4%	62.8%	30.3%	15.7%	8.1%	19.5%
Cáceres	CC	9.2%	No	9.8%	0.312	2.270	70.3%	42.1%	33.7%	10.3%	42.8%	13.8%
Cádiz	CA	9.5%	No	12.6%	0.391	1.098	61.2%	34.3%	35.8%	9.9%	33.4%	19.8%
Castellón	CS	31.0%	Sí	12.3%	0.423	1.859	77.4%	50.3%	29.3%	10.9%	27.5%	21.4%
Ciudad Real	CR	8.0%	No	8.1%	0.360	2.221	66.3%	41.2%	38.3%	9.3%	35.1%	16.5%
Córdoba	CO	7.5%	No	8.1%	0.358	1.949	59.1%	35.2%	38.5%	9.8%	39.0%	19.8%
Coruña (La)	C	10.8%	No	12.2%	0.429	1.802	72.3%	57.3%	26.8%	19.7%	18.9%	17.4%
Cuenca	CU	19.9%	No	9.2%	0.384	2.743	65.0%	42.0%	40.0%	10.9%	38.1%	16.5%
Girona	GI	36.9%	Sí	20.7%	0.524	1.949	83.9%	67.8%	18.7%	13.9%	20.9%	23.8%
Granada	GR	9.5%	No	11.9%	0.427	1.646	64.4%	34.1%	35.5%	12.9%	33.6%	19.8%
Guadalajara	GU	19.1%	No	15.1%	0.437	1.892	73.5%	52.7%	30.5%	11.5%	22.1%	16.5%
Guipúzcoa	SS	22.6%	Sí	12.5%	0.330	1.704	84.6%	66.2%	24.0%	18.7%	10.6%	31.3%
Huelva	H	6.5%	No	12.2%	0.425	1.267	53.4%	41.6%	33.0%	10.1%	40.7%	19.8%
Huesca	HU	30.0%	Sí	12.6%	0.403	1.926	75.7%	61.6%	27.3%	11.5%	18.5%	20.4%
Jaén	J	8,5%	No	6,2%	0.354	2.675	65.5%	33.9%	34.4%	10.5%	41.0%	19.8%
León	LN	15.9%	No	11.7%	0.394	1.579	69.0%	52.4%	29.1%	11.5%	22.3%	19.5%
Lleida	L	20.5%	Sí	15.7%	0,536	2.850	72.9%	67.1%	17.0%	15.1%	22.3%	23.8%
Rioja (La)	LO	18.6%	No	11.0%	0.397	2.813	76.1%	59.8%	28.6%	19.3%	13.6%	24.0%
Lugo	LU	8.8%	No	12.1%	0.353	1.822	71.0%	56.8%	26.8%	11.1%	22.4%	17.4%
Madrid	M	16.8%	No	14.4%	0.413	1.839	72.8%	60.7%	25.7%	34.4%	11.6%	25.1%
Málaga	MA	9.4%	No	15.3%	0.496	1.404	72.2%	40.0%	31.6%	12.0%	34.5%	19.8%
Murcia	MU	8.2%	No	11.9%	0.498	1.767	67.9%	44.6%	34.4%	13.6%	30.0%	18.5%
Navarra	NA	17.0%	Sí	11.3%	0.368	1.656	82.3%	61.1%	26.3%	21.0%	12.1%	20.3%
Orense	OU	12.3%	No	11.2%	0.445	2.271	72.9%	54.3%	26.1%	10.0%	24.1%	17.4%
Asturias	O	14.6%	No	12.0%	0.431	1.636	73.5%	53.3%	29.6%	19.4%	14.2%	22.4%
Palencia	P	11.3	No	9.4%	0.316	1.909	76.5%	54.6%	31.1%	14.8%	21.5%	19.5%
Palmas (Las)	GC	15.1%	No	26.0%	0.639	0.645	68.0%	40.7%	30.2%	6.7%	32.5%	24.6%
Pontevedra	PO	10.4%	No	13.6%	0.456	1.695	74.5%	50.7%	29.3%	11.1%	27.9%	17.4%
Salamanca	SA	10.7%	No	9.9%	0.368	2.179	74.9%	53.4%	30.4%	18.7%	17.2%	19.5%
SC de Tenerife	TF	12.9%	No	24.5%	0.699	0.929	65.2%	41.3%	31.3%	10.9%	32.8%	24.6%
Cantabria	S	12.7%	No	12.2%	0.410	1.973	75.7%	50.8%	32.8%	15.6%	15.0%	19.9%
Segovia	SG	10.6%	No	9.8%	0.300	1.968	65.1%	60.5%	32.1%	15.5%	17.6%	19.5%
Sevilla	SE	10.1%	No	11.1%	0.397	1.579	68.0%	41.1%	34.1%	15.0%	32.4%	19.8%
Soria	SO	18.7%	No	14.0%	0.318	1.265	80.4%	66.6%	22.1%	16.2%	14.1%	19.5%
Tarragona	T	22.3%	Sí	16.0%	0.543	1.571	75.6%	59.6%	23.1%	10.5%	26.8%	23.8%
Teruel	TE	30.2%	Sí	7.8%	0.298	2.066	77.6%	62.3%	27.6%	8.3%	27.0%	20.4%
Toledo	TO	11.7%	No	11.9%	0.383	2.202	74.3%	42.9%	37.7%	10.6%	31.6%	16.5%
Valencia	V	26.0%	Sí	11.4%	0.481	2.045	77.2%	47.5%	29.7%	16.6%	23.6%	21.4%
Valladolid	VA	12.0%	No	10.7%	0.399	2.066	72.8%	56.7%	28.2%	18.1%	18.6%	19.5%
Vizcaya	BI	15.8%	Sí	12.2%	0.329	1.202	76.1%	64.6%	22.5%	22.8%	11.9%	31.3%
Zamora	ZA	6.9%	No	9.0%	0.331	1.853	67.5%	47.3%	39.4%	10.2%	26.5%	19.5%
Zaragoza	Z	31.0%	Sí	10.6%	0.338	2.065	77.4%	58.9%	31.0%	22.4%	14.8%	20.4%
ESPAÑA	ESP	18.4%	--	13.7%	0.432	1.657	73.1%	51.6%	29.3%	16.9%	24.4%	21.5%

Fuentes: Ver Tabla Anexo 1.

CAPÍTULO 3
ALGUNOS MITOS DE LA CUSTODIA COMPARTIDA

Diego Becerril

becerril@ugr.es
Universidad de Granada, España

El presente trabajo tiene como objetivo principal aclarar algunas concepciones que existen en la sociedad sobre la custodia compartida. Es habitual que se oigan y se repitan frases e ideas, que por su persistencia pasan a formar parte del imaginario social, aun cuando nadie las haya comprobado realmente o no se haya pensado detenidamente en lo que significan. Quiero desarrollar aquí una reflexión sobre tres de estas ideas asociadas a la custodia compartida para comprobar su vigencia, o no, y la realidad que puede haber detrás de ellas. Por supuesto, algunas personas compartirán la idea de inicio y otras no, pero precisamente si la reflexión origina debate se habrá cumplido otro de los grandes objetivos latentes de este escrito: despertar el interés y cuestionar muchos aspectos sociales que se atribuyen al "sentido común".

En concreto, he elegido, por razones de espacio, los mitos más persistentes a lo largo de los años y que mayor eco han tenido tanto en los medios de comunicación como en el "sentido común". Se abordará, en primer lugar, la idea de que las pautas y repartos de roles en el matrimonio están muy desigualados y que, hasta que no se comparta por igual en el matrimonio, no se debe pensar en términos de custodia compartida.

Como segundo mito se analizará la preconcepción y prejuicios sobre el concepto de preferencia de la custodia compartida y, especialmente, la derivación de que regular y hacer preferente este tipo de custodia sería imponerla. Por último, dedico el trabajo a verificar si, como dicen ciertos sectores, la custodia compartida la solicitan padres que son maltratadores o quienes quieren dejar de pagar pensiones a sus hijos.

1. CUANDO LOS PADRES CUIDEN LOS HIJOS EN EL MATRIMONIO, HABRÁ CUSTODIA COMPARTIDA

Uno de los principales argumentos de los sectores contrarios a la custodia compartida es que los padres no dedican tiempo a sus hijos en el matrimonio ni son corresponsables con su cuidado y que, sin embargo, cuando llega la ruptura demandan una custodia compartida.

De entrada, hay que destacar la doble vara de medir que este argumento representa, donde la situación previa a la ruptura matrimonial se utiliza en función de cierto interés. Así por ejemplo, que la mujer cuide en mayor medida a los hijos en el matrimonio le supone un crédito que pone en valor en el divorcio. Cómo ella es quien ha cuidado más a los hijos en pareja, debe ser quien más lo tenga y custodie tras la ruptura. Ahora bien, las situaciones de pareja y matrimoniales son pactos o contratos con muchas dimensiones y condicionantes y, desde luego, con unos contextos personales y familiares distintos a los que luego aparecerán tras la ruptura. Si el varón ha estado menos tiempo con sus hijos, quizás se deba a su mayor dedicación a la actividad laboral fuera del hogar, por ejemplo, o a un reparto de roles guiado por habilidades y posibilidades, no siempre determinadas por género. Sin embargo, en el divorcio, el trabajo fuera del hogar será un aspecto que se valore para repartir pensiones y equilibrar dimensiones económicas, no un crédito para quien lo ha realizado.

En todo caso, en la dimensión afectiva y relacional con los hijos, el padre partiría con un hándicap al no haber dedicado tanto tiempo a sus hijos. Esto es una cuestión vital cuando, en varias leyes autonómicas se introduce como criterio para determinar la guarda y custodia del menor. Las legislación de Cataluña, Comunidad Valenciana y País Vasco hacen mención expresa, como criterio a considerar en las custodias, al tiempo que cada progenitor dedicó a la atención (crianza y educación) de sus hijos menores antes de la ruptura y las tareas que efectivamente ejercía. Por el contrario, Aragón y Navarra no incluyen ese criterio, ni tampoco se menciona expresamente entre los criterios que el anteproyecto de ley de 2013 contemplaba.

Por el contrario, en la dimensión instrumental, sobre todo económica, el varón no recibe la misma lógica: si el varón es quien más ha trabajado y ganado en el mundo laboral debe ser el que más reciba una vez llegada la ruptura, puesto que para ello es el quien más tiempo ha dedicado a trabajar. Como se habrá adivinado, este argumento no es admisible en ningún caso, aun cuando la lógica que subyace es la misma, de a mayor tiempo mayor consideración tras la ruptura. La economía es una dimensión más igualitaria tras el divorcio, incluso en muchas ocasiones la mujer queda con el mayor bien, la vivienda, siendo el varón quien la abandona.

Y dado que es de "sentido común" que la mujer quede con los hijos, porque los ha cuidado más en el matrimonio, los mecanismos de igualdad están enfocados a favorecer su incorporación al mercado laboral. La mujer que ha dedicado su tiempo en el cuidado del hogar y los hijos debe ser impulsada y empoderada para que obtenga un puesto de trabajo adecuado y digno dentro de la sociedad (sin por supuesto abandonar su rol de cuidadora). Esta actitud machista, pues repite el rol tradicional de la mujer como responsable única de la crianza, es poco criticada por el movimiento feminista, que más bien cree que quedar con los hijos es un derecho ganado por la mujer.

Contrastando esto, si el varón como padre quiere, tras la ruptura, incrementar el cuidado y contacto con los hijos no existe ninguna ayuda para ello, más bien de forma opuesta se piensa en que tienen un interés oculto o engañoso tras sus intenciones, por lo que en vez de ayudar hay más bien que dudar de los padres que quieran y pidan custodia compartida. Ya se analizara la concepción de estos padres en el tercer mito.

Es comprensible que esta desigualdad de trato, que tiene su plasmación concreta en el ámbito jurídico y administrativo, despierte movimientos sociales en lucha por la igualdad real y efectiva y la consideración del padre en las mismas condiciones de la madre.

Pero yendo más allá, y aún admitiendo que el tiempo de cuidado de los hijos es determinante en la custodia tras el divorcio. ¿Qué diferencia real hay en tiempos?¿Es cierto que el padre cuida mucho menos de sus hijos?¿Se refleja esta diferencia y es similar a los resultados obtenidos en custodias?

Para resolver estas cuestiones existen varias fuentes de información, entre las que se encuentran las encuestas de empleo del tiempo realizadas por el INE. Se tienen disponibles dos oleadas, las pertenecientes a los años 2002-2003 y 2009-2010. En estas encuetas se obtiene información sobre la dimensión del trabajo no remunerado realizado en los hogares.

La Tabla 1 recoge una primera aproximación de actividades y tiempos medios diarios dedicados. La mayor parte del tiempo medio se emplea en el trabajo remunerado, seguido de los estudios y del dedicado a los medios de comunicación. Ahora bien, las diferencias por sexo y su evolución temporal son muy diferentes.

De esta forma, las mujeres dedican al hogar y la familia el doble de tiempo respecto a los varones, la diferencia es de 2 horas y media diarias más las mujeres. Esta diferencia ha disminuido entre las dos encuestas, pues los varones han aumentado su dedicación al hogar y familia, 24 minutos, mientras las mujeres han descendido 16 minutos. El resultado es que la diferencia a favor de la mujer pasa a ser de 2 horas diarias.

En relación a esto, el trabajo remunerado es una actividad que ocupa más al varón, hora y media más diaria que en el caso de las mujeres, si bien la evolución ha recortado las diferencias a algo más de una hora en 2009-2010.

Tabla 1: Duración media diaria dedicada a la actividad por sexo y año

	ENCUESTA 2002-2003		ENCUESTA 2009-2010		MODIFICACIONES ENTRE ENCUESTAS	
	Varones	*Mujeres*	*Varones*	*Mujeres*	*Varones*	*Mujeres*
Hogar y familia	2:08	4:45	2:32	4:29	24	-16
Trabajo remunerado	8:22	6:51	7:55	6:43	-27	-8
Vida social y diversión	2:18	2:09	1:54	1:43	-24	-26
Medios de comunicación	2:48	2:28	3:06	2:49	18	21
Estudios	5:18	5:09	5:13	5:05	-5	-4

Fuente: Encuesta de Empleo del Tiempo. INE. Elaboración propia

Del resto de actividades las diferencias según sexo son muy leves, no superando los 10-15 minutos, si bien merece la pena destacar el descenso que en ambos se registra en el tiempo dedicado a vida social y diversión.

En definitiva, con las dos principales dimensiones de hogar y familia junto a trabajo remunerado, puede concluirse que el varón se ha ido implicando más en el hogar y la familia, mientras que la mujer va disminuyendo su tiempo. Todo ello aún cuando el varón sigue siendo quien más tiempo dedica al trabajo remunerado, si bien su descenso en el tiempo empleado fuera es prácticamente el tiempo que ha dedicado más al hogar y familia. La mujer por su parte, aún disminuyendo el tiempo dedicado a hogar y familia ha acortado, asimismo, el tiempo dedicado a trabajo remunerado.

Para comprender mejor las actividades realizadas, la Tabla 2 desgrana las acciones que se engloban dentro del apartado "Hogar y familia".

Tabla 2: Duración media diaria dedicada a Hogar y Familia por sexo y año

	ENCUESTA 2002-2003		**ENCUESTA 2009-2010**		**MODIFICACIONES ENTRE ENCUESTAS**	
	Varones	*Mujeres*	*Varones*	*Mujeres*	*Varones*	*Mujeres*
Actividades culinarias	0:49	1:57	0:55	1:44	6	-13
Mantenimiento del hogar	0:47	1:20	0:53	1:17	6	-3
Confección-cuidado ropa	0:37	1:17	0:35	1:08	-2	-10
Jardinería-Animales	1:55	1:09	1:54	1:08	-1	-1
Construcción/reparación	1:37	1:15	1:51	1:22	14	7
Compras y Servicios	1:01	1:06	1:04	1:07	3	1
Gestiones del hogar	0:53	0:42	0:57	0:46	4	4
Cuidado de niños	1:27	2:11	1:46	2:22	19	11
Ayudas adultos en hogar	1:36	1:30	1:41	1:40	5	10

Fuente: Encuesta de Empleo del Tiempo. INE. Elaboración propia

Es patente que en el empleo del tiempo, dentro del hogar, hay un reparto de roles, donde los varones tiene mayor presencia en el cuidado de jardinería, animales, construcción y reparación, gestiones del hogar; las mujeres dedican mayor tiempo a las actividades culinarias, el mantenimiento del hogar, la confección y cuidado de la ropa y el cuidado de los niños. En las ayudas a miembros adultos del hogar y compras y servicios hay, prácticamente, unos mismos tiempos.

Con estos datos, la diferencia de 2 horas más de empleo de tiempo de la mujer frente al varón en el hogar y familia, se desglosa, casi en una hora más en mayor dedicación a las actividades culinarias, seguida de 36 minutos en cuidado de los hijos y las mayores diferencias en cuidado de ropa y mantenimiento del hogar. Es obvio, por tanto que la mujer dedica mucho más tiempo al hogar y la familia, pero la diferencia mayor no es en el cuidado de los niños.

En concreto, en el cuidado de lo niños la diferencia de tiempos era de 44 minutos en 2002-2003, que se ha visto reducida a poco más de media hora en 2009-2010. Si entre las dos encuestas varones y mujeres han dedicado más tiempo al cuidado de los niños, el varón ha prácticamente duplicado este aumento respecto al de la mujer.

Los datos aclaran dos cuestiones: la primera es la incorporación del varón a las actividades del hogar y la familia. En este terreno, la mujer no sólo no aumenta dedicación sino que disminuye el tiempo empleado. En segundo lugar, puede concluirse que las mayores diferencias temporales en hogar y familia no se refieren al cuidado de los niños e, incluso respecto al cuidado, las diferencias se han acortado por un crecimiento más acelerado de la dedicación del varón sobre la mujer.

No obstante, hay que considerar un sesgo significativo de estos datos, se miden las personas que se dedican a estas actividades. Es decir, no todas las personas se dedican a todas las actividades, por lo que quedarían marcados los tiempos de quienes sí dedican algo, pero eliminados quienes no emplean nada de tiempo.

La Tabla 3 registra los porcentajes de personas que realizan efectivamente las actividades diarias. Es evidente que una cuestión son los tiempos de quienes las realizan y otra el porcentaje. En casi todas las categorías es muy superior el porcentaje de mujeres que emplean tiempo en el hogar y la familia respecto a los varones.

Tabla 3: Porcentaje de personas que realizan la actividad en el transcurso del día según sexo y año

	ENCUESTA 2002-2003		ENCUESTA 2009-2010		MODIFICACIONES ENTRE ENCUESTAS	
	Varones	Mujeres	Varones	Mujeres	Varones	Mujeres
HOGAR Y FAMILIA	70,0	92,7	74,7	91,9	4,7	-0,8
Actividades culinarias	43,9	84,1	46,4	80,5	2,5	-3,6
Mantenimiento del hogar	28,3	71,0	31,8	64,2	3,5	-6,8
Confección-cuidado ropa	3,1	37,1	3,9	34,0	0,8	-3,1
Jardinería-Animales	13,2	10,4	15,7	10,7	2,5	0,3
Construcción/reparación	5,9	1,6	5,2	1,2	-0,7	-0,4
Compras y Servicios	28,9	48,5	31,6	47,2	2,7	-1,3
Gestiones del hogar	1,2	1,1	2,4	1,9	1,2	0,8
Cuidado de niños	11,2	18,6	16,7	22,2	5,5	3,6
Ayudas adultos en hogar	2,5	4,5	2,5	3,8	-	-0,7

Fuente: Encuesta de Empleo del Tiempo. INE. Elaboración propia

La evolución reflejada entre las encuestas muestra una clara tendencia: los varones cada vez se implican más en las actividades del hogar y la familia mientras las mujeres menos. Casi todos los porcentajes diferenciales del varón son positivos, aumentando los que dedican tiempo, mientras que los de las mujeres son negativos.

Centrada la atención en el cuidado de los niños, el varón ha incrementado su porcentaje de dedicación a un ritmo superior que las mujeres, de tal forma que si bien en 2002 existía un 7,4% de mujeres dedicadas por encima del varón, el porcentaje ha mermado al 5,5% en tan sólo 7 años.

En definitiva, el porcentaje de personas dedicadas a las actividades conduce a una misma conclusión, el varón se implica cada vez con una mayor tiempo y dedicación a estas actividades (Alberdi y Escario, 2007; Meil y Rogero-Garcia, 2014)); y las diferencias tanto en tiempo como en porcentaje de personas no son muy dispares en lo relativo al cuidado de los hijos.

En cualquier caso, hay que considerar que los tiempos empleados en hogar y familia están interconectados con otras actividades (Gutiérrez-Domènech, 2007). Ya se comprobaba que el varón tiene mayor dedicación temporal al trabajo, por lo que sería complicado que pudiera dedicar más tiempo otras actividades que quien tiene menor tiempo laboral.

Aunque existen diferencias en los tiempos dedicados al cuidado de los niños, no son comparables ni desde luego justifican las grandes diferencias en las concesiones de guarda y custodia a las madres en exclusividad, que muy mayoritariamente siguen teniendo en exclusividad las custodias.

Por último, y no queriendo extenderme en otro aspecto, sí quiero mencionar el debate en torno a la validez del tiempo de cuidado. Me refiero a que no todo es medible cuantitativamente, o lo que es lo mismo, que estar mas o menos tiempo con los hijos no es la regla universal y única de medida. En muchos sentidos la calidad de ese tiempo es fundamental. Puede estarse poco tiempo con ellos pero con una alta implicación y calidad y mucho tiempo sin apenas atenderlos o implicarse (González, Domínguez y Baizán, 2010). Este debate nos llevaría muy lejos y daría para un trabajo por sí sólo, únicamente quiero mencionarlo como otra pieza más de este complejo rompecabezas.

2. NO DEBE IMPONERSE LA CUSTODIA COMPARTIDA NI DEBE SER PREFERENTE

En muchos debates y conversaciones se utiliza un argumento que ha reforzado otro de los mitos sobre custodia compartida, a saber, no debe existir la custodia compartida impuesta. Su argumento es que las pretensiones de ciertos sectores o las leyes, especialmente el borrador de Anteproyecto del 2013 del último gobierno del PP, es una forma de imponer la custodia compartida. El PSOE y una amplia representación de colectivos feministas hicieron frente común, con este argumento, al anteproyecto.

De entrada, es cierto que nada impuesto suele ser positivo, en eso todo el mundo estaría de acuerdo, ni se impone una compartida, ni se debe imponer la custodia monoparental. La custodia compartida va unida a una responsabilidad de los padres, a un compromiso en el bienestar de los hijos. Ponerla de forma automático impuesta comparto que podría crear graves problemas (Ferreiro, 1990).

Pero fuera de esta observación, lo cierto y verdad es que el concepto de imposición solo existe en los pensamientos de ciertas organizaciones y partidos políticos contrarios a la custodia compartida.

Si se atiende al criticado anteproyecto de 2013, precisamente se esfuerza en aclarar todo lo contrario. Al explicar la necesidad de un plan de ejercicio de la patria potestad dice: "*Sin imponer* una modalidad concreta de organización, con ello se alienta a los progenitores, tanto si el proceso es de mutuo acuerdo como si es contencioso (artículos 90 y 91 del Código Civil), a organizar por sí mismos y responsablemente el cuidado de los hijos con ocasión de la ruptura." (Anteproyecto de ley sobre el ejercicio de la corresponsabilidad parental en caso de nulidad, separación y divorcio, 2013: 7-8) Las cursivas son del autor para destacar que el deseo del legislador es precisamente lo contrario, no imponer, sino dialogar, mediar y construir acuerdos sin prejuzgar soluciones estereotipadas. El concepto "imponer" se menciona en términos negativos para recomendar, pero no imponer, la mediación familiar, y para negar la imposición de mantener relaciones entre hermanos y otros parientes, si los hijos no quieren. En sentido positivo, la imposición solo aparece conceptualmente como forma de sancionar multas en casos de impago.

Por tanto, es difícil extraer del texto del anteproyecto la idea de imposición, más bien su lectura conduce a pensar en lo contrario, la voluntad de flexibilización y estudio de las condiciones concretas sin apelar a imposiciones.

En reafirmación de esta idea, más adelante, el propio anteproyecto menciona que en el Código Civil deben introducirse cambios legislativos para que "desaparezcan las rigideces y las preferencias por la custodia monoparental del actual artículo, pero sin establecer la custodia y guarda compartida como preferente o general, debiendo ser el Juez en cada caso concreto, y siempre actuando, no en interés de los progenitores, sino en interés del menor, quien determine si es mejor un régimen u otro" (Anteproyecto de ley sobre el ejercicio de la corresponsabilidad parental en caso de nulidad, separación y divorcio, 2013: 9). El párrafo no puede ser más claro y evidente de la voluntad contraria a la imposición, por lo que creo que no debe insistirse más en que los argumentos críticos al anteproyecto no tienen base alguna en el texto.

Si se analiza otro ámbito legislativo, puede buscarse el origen de esta idea en las legislaciones autonómicas que se han aprobado desde 2010. En este sentido, el articulado vuelve a tener ausencia significativa de conceptos impositivos y, si acaso, se habla de preferencia o modo mas adecuado de custodia en las legislaciones de Aragón, Comunidad Valenciana y País Vasco (siempre reconociendo que esta preferencia es aplicable salvo que la custodia individual sea más conveniente). Cataluña y Navarra no marcan preferencia. No parece, por tanto, que las legislaciones autonómicas soporten la idea de imposición, aunque introducen la preferencia.

En realidad, los operadores jurídicos han ido aclarando la idea y delimitación de la custodia compartida. Muy significativa fue la sentencia 185/2012 del Tribunal Constitucional, donde abordó la custodia compartida, considerándola situación "normal y no excepcional" tras una ruptura matrimonial. A su vez, una de las instituciones que más sentencias ha pronunciado a favor de la custodia compartida es el Tribunal Supremo. De especial claridad es su sentencia 257/2013 donde va más allá de entender que la custodia compartida es normal y detalla en la sentencia que "habrá de considerarse normal e incluso deseable, porque permite que sea efectivo el derecho que los hijos tienen a relacionarse con ambos progenitores, aun en situaciones de crisis, siempre que ello sea posible y en tanto en cuanto lo sea" Sentencia TS 257/2013, 2013: 17). El Supremo supera la concepción de normalidad y engloba la custodia compartida en el ámbito de lo deseable, como meses después vuelve a confirmar en sentencia 758/2013. En realidad, tal es la inercia de la monoparentalidad y las sentencias en tribunales, que el Supremo se ha visto obligado más de una vez a recordar estas sentencias e interpretaciones, que en la práctica habitual no se cumplen.

Descartada la conceptualización de la imposición, el argumento gira hacia la identificación de la preferencia con un sistema impositivo tácito. Hablar de preferencia sería imponer. En primer lugar, incluso cuando se habla de preferencia se advierte que siempre y cuando la custodia individual no sea más conveniente. Pero, en todo caso, es que preferencia no significa imposición. La preferencia es una ventaja de dos términos comparados, habiendo dos tipos de custodia y conociéndose los beneficios de la compartida debe tenderse a ella, estudiando el caso y sin imponerse.

Autoras del ámbito jurídico han expresado esta idea de forma magistral. Aunque la cita sea un tanto extensa quiero reproducirla por su claridad. Alascio (2011) explica que:

> "En mi opinión, el carácter preferente de la custodia compartida no debe interpretarse como medida por defecto y subsidiaria la individual, puesto que esto significaría caer en el otro extremo de pensar que hay una única solución que en general funciona para todos los casos y excepcionalmente puede haber otras. En el caso de

> la determinación de la custodia no hay fórmulas generales que se puedan aplicar a todos los casos sino que habrá que estar a la realidad de cada caso. Así pues, la preferencia no sería que la regla de defecto es acordar siempre la custodia compartida, sino que, si en el caso en concreto, tan buena es la compartida como la individual, se optará por la compartida. (Alascio, 2010: 10-11)

Resulta evidente la relación que implica la preferencia, que está, y se quiere, alejada de la imposición, tanto en las leyes, como en las sentencias judiciales y en los expertos en derecho civil.

Para finalizar, y por dar un nuevo apoyo al desmontaje del mito, se acude a las memorias del defensor del pueblo. En su memoria de actividades de 2010, el defensor del pueblo habla de la custodia compartida a raíz de que "diversas entidades solicitaron a la Defensora del Pueblo (e.f.) que interpusiera recurso de inconstitucionalidad contra diversos preceptos de la ley, por considerar la posible incompetencia de la Comunidad Autónoma de Aragón para regular las materias de Derecho civil y que sea contraria al artículo 39.2 de la Constitución española"(BOCG, 18 de abril de 2011: 592).

Respecto al Derecho Civil, la defensora se atiene a las sentencias del Tribunal Supremo que legitima esta legislación. La segunda parte se refiere a la legitimidad constitucional del carácter preferente de la custodia compartida. En este caso se indica que:

> "La lectura de estos preceptos permite constatar que la «preferencia» de la custodia compartida, entendiendo el término «preferencia» en el sentido corriente de que se aplicará siempre o casi siempre, tiene tales contrapesos jurídicos que sólo puede tener un sentido muy preciso, al que nos referiremos inmediatamente.[ ]La «preferencia», pues, lo que hace en realidad es introducir la custodia compartida en el debate judicial de Aragón de los casos concretos, haciendo contrapeso al tradicional carácter predominante en términos estadísticos de la custodia individual. «Preferencia» significará de facto que el juez deberá examinar primero las posibilidades de custodia compartida. Pero, si existe alguno de los óbices indicados en el artículo 6, que no son pocos (por ejemplo, la voluntad del padre y de la madre es tenida en cuenta ex artículo 6.2. d), pese a lo dispuesto en el artículo 6.5), la custodia será individual." (BOCG, 18 de abril de 2011: 594)

Con estas reflexiones es evidente que no se trata de imponer nada si no, como muy acertadamente se señala, de intentar equilibrar la balanza y poner sobre la mesa, en igualdad de condiciones, la custodia compartida. Hacerla preferente o más adecuada responde a la necesidad de quebrar la inercia que viene de décadas donde lo que existía es una automatismo sobre la monoparentalidad.

En el mismo sentido, en las memorias se recoge la solicitud de recurso de inconstitucionalidad de la Ley Catalana, en concreto el libro segundo del Código

Civil de Cataluña. Resolviendo la cuestión de forma negativa, como lo hizo con la Ley de Aragón.

De hecho, si la custodia compartida entra en la normalidad deseada, incluso lo lógico sería prescindir de su carácter preferente, que tanto parece haber contaminado el debate sobre la custodia de los menores. La tendencia de la incorporación de la mujer al mundo laboral, el reconocimiento de la corresponsabilidad y la mayor implicación de los varones en el hogar y la familia, dan como resultado un incremento regular de las custodias compartidas. Esta situación ya se registra en España, cuya tasa de custodia compartida ha ido creciendo paulatinamente, sin tener ley estatal, ni regulación como preferente justo en las Comunidades con mayor tasa de custodias compartidas, el caso de Cataluña.

3. LA CUSTODIA COMPARTIDA LA PIDEN LOS MALTRATADORES O QUIEN NO QUIERE PAGAR PENSIONES

Un argumento para no favorecer la custodia compartida se refiere, en este ocasión, al tipo de padres que, según distintos sectores, son quienes están solicitando estas custodias. Se concretarían en dos casos: los maltratadores y quienes no quieren pagar pensión.

La primera cuestión sobre el maltrato, se aborda desde una perspectiva legal. La violencia doméstica es un aspecto que se ha desarrollado normativamente en España, básicamente referida a la violencia contra la mujer. Existe una legislación que impide de forma clara y taxativa que los maltratadores tengan la custodia compartida. De manera general, no es que la persona sea maltratador o no, sino que la denuncia de unos hechos anula la posibilidad de custodia compartida.

Por ejemplo, uno de lo hitos de esta legislación es la Ley Orgánica 1/2004 de 28 de diciembre de medidas de protección integral contra la violencia de género. En esta Ley, en su artículo 65 dice:

> "El Juez podrá suspender para el inculpado por violencia de género el ejercicio de la patria potestad o de la guarda y custodia, respecto de los menores a que se refiera."

Y extiende a las visitas la posibilidad en el artículo 66:

> "El Juez podrá ordenar la suspensión de visitas del inculpado por violencia de género a sus descendientes"

Es decir, el simple hecho de estar inculpado, no dice sentenciado, puede conducir no ya a la pérdida de custodia, sino a la suspensión de la patria potestad e incluso el régimen de visitas. Esto indica la fortaleza que la ley ha dado a las medidas de protección, los jueces tienen en sus manos las herramientas necesarias para proteger hasta las últimas consecuencias a los hijos del maltrato.

Es más, en la propia Ley 15/2005 de 8 de julio por la que se modifican el Código Civil y la Ley de enjuiciamiento civil en materia de separación y divorcio, la cuestión vuelve a concretarse. Siendo esta Ley más relacionada con las custodias tiene interés lo que aclara el artículo 92.7:

> "No procederá la guarda conjunta cuando cualquiera de los padres esté incurso en un proceso penal iniciado por atentar contra la vida, la integridad física, la libertad, la integridad moral o la libertad e indemnidad sexual del otro cónyuge o de los hijos que convivan con ambos. Tampoco procederá cuando el Juez advierta, de las alegaciones de las partes y las pruebas practicadas, la existencia de indicios fundados de violencia doméstica"

Es clara la voluntad del legislador de prohibir la custodia compartida ante el mero hecho de estar incurso en un proceso y, más allá, incluso con la existencia de indicios de violencia, aunque no haya un proceso específico abierto. La novedad de esta Ley es que menciona a "cualquiera de los padres", mientras que la Ley anterior protegía a la mujer. En general, el resto de leyes se referirán siempre a los dos progenitores.

Añadidas a estas dos leyes estatales, todas las leyes autonómicas que se han ido promulgando, referidas a corresponsabilidad tras las rupturas matrimoniales, han vuelto a advertir de esta cuestión.

La Ley 2/2010 de 26 de mayo de la Comunidad de Aragón, en su artículo 6.6 especifica:

> "No procederá la atribución de la guarda y custodia a uno de los progenitores, ni individual ni compartida, cuando esté incurso en un proceso penal iniciado por atentar contra la vida, la integridad física, la libertad, la integridad moral o la libertad e indemnidad sexual del otro progenitor o de los hijos o hijas, y se haya dictado resolución judicial motivada en la que se constaten indicios fundados y racionales de criminalidad. Tampoco procederá cuando el Juez advierta de las alegaciones de las partes y las pruebas practicadas, la existencia de indicios fundados de violencia doméstica o de género"

Y la Ley Catalana 25/2010 de 29 de julio tiene, asimismo, presentes estos preceptos en su artículo 233.11.3:

> "En interés de los hijos, no puede atribuirse la guarda al progenitor contra el que se haya dictado una sentencia firme por actos de violencia familiar o machista de los que los hijos hayan sido o puedan ser víctimas directas o indirectas. En interés de los hijos, tampoco puede atribuirse la guarda al progenitor

> mientras haya indicios fundamentados de que ha cometido actos de violencia familiar o machista de los que los hijos hayan sido o puedan ser víctimas directas o indirectas."

En Navarra, la Ley Foral 3/2011 de 17 de marzo, en su artículo 3.8 advierte en el mismo sentido:

> "No procederá la atribución de la guarda y custodia a uno de los padres, ni individual ni compartida, cuando se den estos dos requisitos conjuntamente:
>
> a) Esté incurso en un proceso penal iniciado por atentar contra la vida, la integridad física, la libertad, la integridad moral o la libertad e indemnidad sexual del otro progenitor o de los hijos o hijas.
>
> b) Se haya dictado resolución judicial motivada en la que se constaten indicios fundados y racionales de criminalidad".

Tampoco procederá la atribución cuando el Juez advierta, de las alegaciones de las partes y de las pruebas practicadas, la existencia de indicios fundados y racionales de violencia doméstica o de género.

Las medidas adoptadas en estos dos supuestos serán revisables a la vista de la resolución firme que, en su caso, se dicte al respecto en la jurisdicción penal.

La denuncia contra un cónyuge o miembro de la pareja no será suficiente por sí sola para concluir de forma automática la existencia de violencia, de daño o amenaza para el otro o para los hijos, ni para atribuirle a favor de este la guarda y custodia de los hijos."

Como puede observarse, la variación en Comunidades tiene que ver con la protección hacia el inculpado. Las herramientas jurídicas contra la violencia son tan potentes e inmediatas que pueden producir situaciones de injusticia irreparables o ser utilizadas como estrategia en procesos de ruptura. Por ello, la legislación autonómica, que está más actualizada, y especialmente la de Navarra, plantea revisiones y contra medidas ante las resoluciones firmes.

En el mismo sentido se manifiesta la Comunidad Valenciana en su Ley 5/2001 de 1 de abril. El artículo 5.6 dice:

> "Excepcionalmente tampoco procederá la atribución de un régimen de convivencia a uno de los progenitores cuando esté incurso en un proceso penal iniciado por atentar contra la vida, la integridad física, la libertad, la integridad moral o la libertad e indemnidad sexual del otro progenitor o de los hijos o hijas y se haya dictado resolución judicial motivada en la que se constaten indicios fundados y racionales de criminalidad, siempre y cuando, a tenor de dichos indicios, la aplicación del régimen de convivencia pudiera suponer riesgo objetivo para los hijos e hijas o para el otro progenitor. Tampoco procederá cuando la autoridad judicial advierta, como

> consecuencia de las alegaciones de las partes y las pruebas practicadas, la existencia de indicios fundados de violencia doméstica o de género.
>
> Cuando se dicte resolución judicial que ponga fin al procedimiento, con efectos absolutorios, en cualquiera de los procedimientos reseñados en el párrafo anterior, se podrá revisar, de oficio o a instancia de parte, la ordenación de las relaciones familiares."

Y como no podía ser de otra forma, la última Ley 7/2015 de 30 de junio del País Vasco, recoge las mismas advertencias en su artículo 11.3:

> "No obstante, con igual carácter general se entenderá que no procede atribuir la guarda y custodia de los hijos e hijas, ni individual ni compartida, ni un régimen de estancia, relación y comunicación respecto de ellos y ellas, al progenitor que haya sido condenado penalmente por sentencia firme por un delito de violencia doméstica o de género por atentar contra la vida, la integridad física, la libertad, la integridad moral o la libertad e indemnidad sexual del otro miembro de la pareja o de los hijos e hijas que convivan con ambos hasta la extinción de la responsabilidad penal.
>
> En este sentido, los indicios fundados de la comisión de dichos delitos serán tenidos en cuanta por el juez como circunstancias relevantes a los efectos del establecimiento o modificación de las medidas previstas en esta ley en relación con dicho régimen, del mismo modo que lo podrá ser, en su caso, la resolución absolutoria que pudiera recaer posteriormente"

En definitiva, todas las leyes autonómicas protegen a los hijos frente a posibles situaciones de maltrato o violencia. En muchas, el mero indicio o inculpación ya prohíbe de por sí la tenencia de custodia y puede llegar a determinar las estancias y comunicación con los menores.

Argumentar que quienes maltratan son quienes piden la custodia compartida resulta poco creíble y prácticamente imposible desde la perspectiva legal. Lo que sí adquiere sentido, y necesita de atención, es cómo se utiliza la violencia doméstica o de género como estrategia judicial en los procesos de divorcio, hecho que ha sido denunciado por el propio estamento judicial y es práctica establecida por parte de cierto sectores de la abogacía.

Además, un debate abierto es en qué medida la posible relación conflictiva entre los progenitores impide o incide en la relación con los hijos. La ley deja abierta esa cuestión, el juez debe interpretar, si bien debe existir mayor investigación y neutralidad ideológica en las investigaciones, sin partir de la base del varón culpable frente a la mujer inocente.

No quiero terminar el apartado, sin incluir otro ejemplo, el Anteproyecto de Ley sobre el ejercicio de la corresponsabilidad parental en caso de nulidad, separación y divorcio, redactado en 2013 por el gobierno del Partido Popular. Este anteproyecto fue muy criticado desde las organizaciones feministas por, precisamente, la posibilidad que daba de otorgar custodia a maltratadores. No obstante, de la reproducción de los epígrafe 5 del artículo 92 puede disipar las dudas:

> "5. No procederá atribuir la guarda y custodia de los hijos, ni individual ni compartida, ni un régimen de estancia, relación y comunicación respecto de ellos, al progenitor que haya sido condenado penalmente por sentencia firme, por atentar contra la vida, la integridad física, la libertad, la integridad moral o la libertad e indemnidad sexual del otro cónyuge o de los hijos que convivan con ambos hasta la extinción de la responsabilidad penal, tras lo cual será el Juez quien deba valorar si procede tal concesión, atendiendo a los criterios señalados en los apartados anteriores y, singularmente al delito cometido, duración de la pena, reincidencia y reinserción del progenitor. Excepcionalmente, el Juez podrá establecer, si lo considera conveniente para la protección del interés superior de los menores, atendiendo a los criterios anteriores y a la peligrosidad del progenitor condenado, un régimen de estancia, relación y comunicación respecto de ellos.
>
> No se le atribuirá la guarda y custodia, ni individual ni compartida, cuando esté incurso en un proceso penal iniciado por la presunta comisión de violencia doméstica, de género o de cualquiera de los atentados antes referidos, y se haya dictado resolución judicial motivada en la que se constaten indicios fundados y racionales de criminalidad. La sentencia absolutoria o el sobreseimiento libre firme dictado en el referido proceso penal será causa de revisión del régimen de guarda y custodia a petición de parte. Y tampoco procederá cuando el Juez del procedimiento civil advierta, de las alegaciones de las partes y las pruebas practicadas, la existencia de indicios fundados de la comisión de tales hechos por el progenitor, siempre que el delito no estuviera prescrito."

Desde luego, no es una redacción diferente de otras leyes y no causa una especial desprotección de los menores. Sin duda, debe insistirse en las garantía más que evidentes que la ley da sobre la protección de los hijos en las rupturas matrimoniales. En todo caso el anteproyecto no llegó a ser ley.

En segundo lugar, a los padres que solicitan custodia compartida se les acusa de no querer pagar pensiones alimenticias. No hay mejor argumento que acudir a los datos para conocer la realidad. El INE nos ofrece, por medio de la estadística de nulidades, separaciones y divorcios los porcentajes de personas que pagan pensiones según tipo de custodia (Tabla 4).

Tabla 4: Pago de pensión alimenticia según tipo de custodia (2007-2014)

CUSTODIA	PAGO DE PENSION ALIMENTICIA				
	PADRE	MADRE	AMBOS	TOTAL	N
PADRE					
2007	-	97,4	2,6	100	3.399
2008	0,3	94,2	5,5	100	2.613
2009	29,8	65,6	3,6	100	3.172
2010	32,8	63,3	3,9	100	3.326
2011	30,2	64,8	5,0	100	3.133
2012	31,4	63,3	5,3	100	3.184
2013	30,6	64,1	5,3	100	3.322
2014	30,3	64,3	5,4	100	3.201
MADRE					
2007	98,7	-	1,3	100	61.119
2008	98,6	-	1,4	100	55.107
2009	97,1	1,3	1,4	100	47.770
2010	97,5	1,2	1,2	100	48.860
2011	97,6	1,3	1,0	100	48.008
2012	97,6	1,2	1,2	100	48.328
2013	97,7	1,3	1,1	100	47.975
2014	97,6	1,3	1,2	100	48.107
AMBOS					
2007	56,9	2,9	40,2	100	6.957
2008	56,6	3,5	39,9	100	6.207
2009	55,3	3,9	40,6	100	5.515
2010	45,4	3,4	51,2	100	6.134
2011	38,4	3,2	58,4	100	7.227
2012	37,3	2,6	60,1	100	7.423
2013	37,2	2,9	59,9	100	8.610
2014	32,0	6,4	61,6	100	8.610

Fuente: Estadística de nulidades, separaciones y divorcios, INE. Elaboración propia.

La Tabla 4 demuestra que los padres varones siempre pagan en un alto porcentaje, sea el tipo de custodia que sea. Cuando es la madre quien tiene la custodia exclusiva de los hijos, es cuando el padre paga prácticamente en todos los casos y cuando más cerca está de no pagar, casi nunca, la otra parte (la madre). Desde que se tienen datos disponibles (2007) la cifra apenas ha variado, estabilizándose en torno a un 98% de pagos por los varones y muy escaso porcentaje en el resto de casos.

En el caso contrario, cuando el varón tiene la custodia exclusiva de sus hijos, la situación no es similar. Aun cuando el padre es custodio, sigue pagando la pensión alimenticia en el 30% de ocasiones, mientras que la madre lo hace en un 64%. Es decir, en un tercio de casos los varones custodios siguen pagando la pensión. En los años disponibles tampoco se aprecian modificaciones significativas de los datos.

Pero son las custodias compartidas el principal objetivo. En estas custodias sí hay una evolución importante, en los pocos años donde pueden conocerse datos. De entrada, hay que anotar que el padre, en la mayoría de los casos, era quien seguía pagando, en mayor porcentaje, pensión. Durante los años 2007 a 2009 en torno al 55% de pensiones las pagaba el padre en custodias compartidas. Sin embargo, entre 2010 y 2011 este porcentaje disminuyó bruscamente, pasando al 37%. Incluso en 2014 ha descendido al 32%. Aun así, en la actualidad un tercio de los padres pagan pensiones alimenticias.

El caso de la madre en custodia compartida es diferente. Es muy poco frecuente, en torno al 3%, que ella pague pensión, si bien en 2014 este porcentaje asciende al 6%.

Siendo esto así, la realidad que ha ido tomando fuerza en las custodias compartidas es que ambos progenitores paguen pensiones. Con el descenso del pago único del padre, en 2010, el pago de ambos superó el 50% y en 2014 llega al 62%.

En conclusión, cuando hay custodia compartida son los padres quienes generalmente han seguido pagando pensión y lo siguen haciendo en uno de cada tres casos. Para la práctica totalidad del resto, dos de cada tres, las pensiones se pagan por ambos.

Técnicamente, la asociación entre variables es significativa, la aplicación del Chi-cuadrado obtiene un valor de 0,000 existiendo una relación significativa. Además, como medio de comprobar la fuerza de dicha asociación se aplica el Phi y V de Cramer. Por poner el ejemplo de los últimos años, en 2013 los valores fueron 1,294 y 0,747 lo que indica una alta fuerza de relación, al igual que ocurre en 2014 con unos valores de 1,373 y 0,793 respectivamente.

La custodia compartida no significa, de por sí, que no se paguen pensiones, de hecho los padres las pagan, curiosamente al mismo porcentaje si se quedan en exclusividad con los hijos, pero obviamente muy diferencialmente de la exclusividad de la madre.

En realidad, lo que ciertos sectores quizás quieren decir es que los padres pagan, en menor medida, pensiones en compartida que en exclusiva de la madre. Eso es obvio y lógico, pero no puede argumentarse que la compartida sea una estrategia para no pagar, en ningún caso, pensiones.

Por otra parte, hay que tener en cuenta que no se detalla aquí la cantidad exacta que se pague, sino únicamente el porcentaje de progenitores que pagan. Lo que se refleja es una distribución asimétrica del pago de estas pensiones que, sin duda, tienen que ver con las diferencias en recursos económicos.

En todo caso, la confusión es tal que incluso el Tribunal Supremo ha tenido que pronunciarse sobre las pensiones en custodias compartidas. Entre las sentencias más recientes se encuentra la sentencia 55/2016. En ella el Tribunal expone que la custodia compartida no exime de la obligación del pago de pensiones siempre que se cumplan las condiciones de desproporción de ingresos entre los cónyuges y que no debe limitarse temporalmente.

Como conclusión final, debe subrayarse la existencia de un amplio desconocimiento en torno a la custodia compartida, sobre todo a nivel social. El análisis muestra que es necesario un gran debate sobre las custodias que clarifique socialmente esta realidad. Aun sin esta sensibilización ni campañas educativas, los hechos están demostrando, en el día a día, que la custodia compartida se va imponiendo, a distintas velocidades, como un medio deseado de resolución postdivorcio.

4. BIBLIOGRAFÍA

Alberdi, Ines y Escario, Pilar (2007) *Los hombres jóvenes y la paternidad*, Bilbao, Fundación BBVA.

Alascio Carrasco, Alicia (2011) La excepcionalidad de la custodia compartida impuesta (art. 92.8 CC), *Revista para el análisis del derecho*, número 2.

Anteproyecto de ley sobre el ejercicio de la corresponsabilidad parental en caso de nulidad, separación y divorcio (2013) Madrid, Ministerio de Justicia.

Becerril, Diego y Lozano, Antonio (2013) "*Cambios legislativos y custodias en los procesos de ruptura matrimonial en España*" VI Congreso Catalán/Internacional de Sociología, 25-27 abril, Perpignan, Francia.

Becerril Ruiz, Diego (2014) "Cortes Generales y Custodia Compartida en España", en Pérez Díaz, Addiel; Castillo Viveros, Nemesio y Entrena Durán, Francisco (2014). *Gestión de Procesos sociales. La experiencia de Cuba, México y España*, Morrisville, editorial Lulu, pp.186-218.

Durán, Maria Angeles y Rogero García, Jesus (2009) *La investigación sobre el uso del tiempo*, Madrid, Centro de Investigaciones Sociológicas.

Ferreiro, B.W. (1990) Presumption of joint custody: A family polucy dilema, *Family relations*, Vol. 39(4), pp. 420-426.

González, Maria Jose y Jurado Guerrero, Teresa (2015) *Padres y madres corresponsables*, Madrid, Catarata.

González, Maria Jose; Domínguez, Mario; y Baizán, Pau (2010) Cuidado parental en la infancia y desigualdad social: Un estudio sobre la encuesta de empleo del tiempo en España, *Documento de trabajo 158/2010*, Fundación alternativas.

Gutiérrez-Domènech, Maria (2007) El tiempo con los hijos y la actividad laboral de los padres, Barcelona, Documentos de Economía La Caixa, 6.

Ley orgánica 1/2004, de 28 de diciembre, de Medidas de Protección Integral contra la Violencia de Género, BOE 313 de 29 de diciembre de 2004.

Ley 15/2005, de 8 de julio, por la que se modifican el Código Civil y la Ley de Enjuiciamiento Civil en materia de separación y divorcio, BOE 163 de 9 de julio de 2005.

Ley 2/2010, de 26 de mayo, de igualdad en las relaciones familiares ante la ruptura de convivencia de los padres. BOE 151 del 22 de junio de 2010.

Ley 25/2010, de 29 de julio, del libro segundo del Código civil de Cataluña, relativo a la persona y la familia. BOE 203 del 21 de agosto de 2010.

Ley Foral 3/2011, de 17 de marzo, sobre custodia de los hijos en los casos de ruptura de la convivencia de los padres. BOE 87 del 12 de abril de 2011.

Ley 5/2011, de 1 de abril, de relaciones familiares de los hijos e hijas cuyos progenitores no conviven, BOE 98 del 25 de abril de 2011.

Ley 7/2015, de 30 de junio, de relaciones familiares en supuestos de separación o ruptura de los progenitores, BOE 176 de 24 de julio de 2015.

Meil-Landwerlin, Gerardo (1997) La participación masculina en el cuidado de los hijos en la nueva familia urbana española, *Papers*, nº 53, pp. 77-99.

Meil-Landwerlin, Gerardo (2006) *Padres e hijos en la España actual*, Barcelona, Fundación La Caixa.

Meil-Landwerlin, Gerardo y Rogero-Garcia, Jesus (2012) Las encuestas de empleo del tiempo como instrumento para analizar el reparto de trabajo remunerado y no remunerado. *Indice: Revista de estadística y sociedad*, nº 51.

Meil-Landwerlin, Gerardo y Rogero-Garcia, Jesus (2014) Abuelas, abuelos y padres en el cuidado de la infancia, *Cuadernos de Relaciones Laborales*, Vol. 32(1), pp. 49-67.

Marí-Klose, Pau et al. (2010) *Infancia y futuro: Nuevas realidades, nuevo retos*, Barcelona, Fundación La Caixa.

Tobío, Constanza (2012) Reciprocity and solidarity in intergenerational relationships: Spain, France and Norway in comparative perspective. *Papers*, Vol. 97(4), pp. 849-873.

Tobío, Constanza (2012) Cuidado e identidad de género. De las madres que trabajan a los hombres que cuidan, *Revista Internacional de Sociología*, Vol. 70(2), pp. 399-422.

CAPÍTULO 4
RÉGIMEN JURÍDICO DE LA CUSTODIA COMPARTIDA: EL INTERÉS DEL MENOR

Marta Morillas Fernández

mmorillas@ugr.es
Universidad de Granada, España

1. INTRODUCCIÓN

Es sabido que la Ley 15/2005, de 8 de julio, modificó el Código Civil y la Ley de Enjuiciamiento Civil en materia de separación y divorcio, ocupándose también de determinados aspectos que, como consecuencia de la ruptura matrimonial, afectan al ejercicio de la patria potestad. El avance fundamental de este régimen consistía, indudablemente, en la corresponsabilidad parental que ha de marcar las relaciones familiares entre padres e hijos, entendida como el reparto equitativo de los derechos y deberes que los progenitores deben ejercer frente a ellos, así como en el principio de coparentalidad, basado en el derecho del hijo a seguir manteniendo un contacto directo y regular con ambos padres (López, 2009). Principios ya entendidos o, al menos, adaptados, después de once años y gracias al Tribunal Supremo que establece continuamente la doctrina jurisprudencial en relación a la interpretación de esta normativa. Normativa que desde nuestro entender, en ningún caso es clara e igual de favorable para ambos progenitores.

Las buenas perspectivas que en su Exposición de Motivos se recogían, no coinciden, en absoluto, con la regulación de la misma en el propio texto legal, máxime cuando se tuvo que declarar inconstitucional y nulo el inciso "favorable" del informe del Ministerio Fiscal contenido en el artículo 92.8 del Código civil, por sentencia del Tribunal Constitucional 185/2012, de 17 de octubre. Así es por dos razones fundamentales que el legislador no contempló, y que hasta dicha resolución se aplicó como normativa vigente, perjudicando, en algunos casos, la decisión judicial favorable al régimen de custodia compartida. Argumenta la STC esta decisión, en primer lugar, porque "limita injustificadamente la potestad jurisdiccional que el artículo 117.3 de la Constitución otorga en exclusiva al Poder Judicial", pues "corresponde exclusivamente al Juez o Tribunal verificar si concurren los requisitos legales para aplicar el régimen excepcional y, en el caso de que así sea, valorar si, en el marco de la controversia existente entre los progenitores, debe o no adoptarse tal medida"; y en segundo lugar, porque "supone la infracción del derecho a la tutela judicial efectiva" consagrada en el artículo 24.1 de la Constitución, dado que "el hecho de que el pronunciamiento judicial se haga depender de tal dictamen menoscaba de facto el derecho a obtener una resolución sobre el fondo", al estar aquel pronunciamiento "irremediablemente vinculado al dictamen del Ministerio Fiscal", que es, además, "irrecurrible".

La aplicación práctica de este nuevo régimen, no ha cumplido todas las expectativas deseadas por el legislador, y, sobre todo, por la ciudadanía, ya que se han aprobado a nivel autonómico leyes que, en algunos casos, establecen la custodia compartida como preferente a la individual, lo cual pone de manifiesto el verdadero sentido de esta figura jurídica. A modo orientativo del panorama actual, en Aragón se considera preferente; en Cataluña y Navarra, se pretende acuerdo de los progenitores a través de la mediación familiar y en su defecto, un régimen igualitario para ambos; en la Comunidad Valenciana, se establece como norma general, al igual que en el País Vasco, cuando sea solicitada por uno de los progenitores y, en cualquier caso, no se vea perjudicado el interés del menor.

Durante el pasado año, hemos asistido a una avalancha de reformas legislativas en diferentes sectores del Ordenamiento jurídico. Por lo que a nuestro trabajo concierne, destacar, entre otras, la Ley 15/2015, de 2 de julio, de la Jurisdicción Voluntaria, Ley Orgánica 8/2015, de 22 de julio, de modificación del sistema de protección a la infancia y la adolescencia, y Ley 26/2015, de 28 de julio, de modificación del sistema de protección a la infancia y a la adolescencia.

Sin embargo, todavía, no se ha tenido a bien reformar el artículo 92 del Código civil, entre otros que afectan a este régimen, donde se articula la custodia hacia los hijos. Pese a que es un tema de indudable relevancia social, de promesas políticas que incluso ha avanzado notablemente y que llegó a culminar en Anteproyecto, en 2013, bajo la denominación de "Anteproyecto de Ley sobre el ejercicio de la corresponsabilidad parental en caso de nulidad, separación y divorcio". Siendo informado por los dictámenes del Consejo Fiscal, de 13 de septiembre de 2013 y del Consejo General del Poder Judicial, de 23 de septiembre de 2013, incluyéndose en su texto algunas de las críticas y observaciones realizadas, y denominándose a partir de ese momento "Anteproyecto de Ley sobre el ejercicio de la corresponsabilidad parental y otras medidas a adoptar tras la ruptura de la convivencia". Posteriormente se sometió este texto al dictamen del Consejo de Estado, que emitió su informe el 24 de julio de 2014, para que se sometiera al Consejo de Ministros y su posterior aprobación como proyecto de Ley. En este sentido, las últimas noticias que hemos encontrado del mismo, es la pregunta de un Diputado de UPYD al Ministro de Justicia, sobre la tramitación del mismo, en sesión plenaria celebrada en el Congreso de los Diputados el 8 de octubre de 2014, cuya respuesta fue que en breve presentarían un Proyecto de Ley, una vez estudiados los informes, antes mencionados, ya que se trata de una cuestión compleja que implica grandes cambios en el Derecho de familia.[13]

Obviamente, en este orden de cosas, la jurisprudencia ha seguido avanzando, y de la mejor manera, en la interpretación y aplicación de criterios que han de servir de base fundamental para establecer este régimen. El objeto del presente trabajo versa principalmente en el análisis de la abstracta normativa actual y de la acertada doctrina emitida por el Tribunal Supremo, en cuestiones concretas del mismo, que no se contemplan en la norma, y que en algunos casos han planteado problemas en cuanto a su incidencia práctica. Partiremos para ello de una perspectiva general en la aplicación de la misma, que se fundamentará en resoluciones concretas del Tribunal Supremo, para centrarnos en dos de las cuestiones que suscitan más controversias: el uso de la vivienda y la pensión de alimentos, cuando los hijos vivirán el mismo tiempo con cada uno de los progenitores. Sin obviar en ningún caso, pero analizándolo de forma concreta, el principio que ha de regir estas relaciones, que no es otro que el interés del menor y los criterios que se han determinado para aplicarlo, junto con las últimas reformas legislativas que le afectan.

2. RÉGIMEN JURÍDICO DE LA CUSTODIA COMPARTIDA

2.1. Cuestiones previas

Desde nuestra opinión, se fundamenta la conveniencia de este régimen de custodia compartida, para que los padres puedan cumplirlo de forma igualitaria conforme a lo preceptuado en la norma, principalmente en los artículos del CC 92.1, que establece que la separación, la nulidad y el divorcio no eximen a los padres de sus obligaciones con los hijos, y en el 154 del mismo texto legal, que determina que se ejercerá la patria potestad, como responsabilidad parental, siempre en interés de los hijos, de acuerdo con su personalidad, y con respeto a sus derechos, su integridad física y mental. Indica igualmente cuales son los deberes y facultades de los progenitores hacia los hijos: 1.º Velar por ellos, tenerlos en su compañía, alimentarlos, educarlos y procurarles una formación integral; 2.º Representarlos y administrar sus bienes.[14]

---

[13] Diario de Sesiones del Congreso de los Diputados, núm.25. X Legislatura, año 2014, pág.13.

[14] Artículo modificado por el 2.8 de la Ley 26/2015, de 28 de julio que modifica el sistema de protección a la infancia y la adolescencia.

El CC en su artículo 92 no la define y utiliza para referirse a ella, terminología diversa como guarda y custodia compartida o guarda conjunta, consistente en la alternancia de los progenitores en la posición de guardador y beneficiario del régimen de comunicación y estancia con los hijos (Bercovitz, 2007). En términos generales, procederá, el ejercicio compartido, según la actual regulación del artículo 92.5, cuando así lo soliciten los padres en la propuesta de convenio regulador o cuando ambos lleguen a este acuerdo en el transcurso del procedimiento. Y conforme al 92.8, excepcionalmente, aun cuando no se den los supuestos del apartado cinco de este artículo, el Juez, a instancia de una de las partes, con informe del Ministerio Fiscal, podrá acordar la guarda y custodia compartida fundamentándola en que sólo de esta forma se protege adecuadamente el interés superior del menor.[15] En este sentido, hemos de destacar la aclaración de dicho precepto por parte del Tribunal Supremo, ya que, si no, dada la dificultad en la redacción del mismo, no se podría determinar el alcance de aplicación de la norma. La STS de 22 de julio de 2011, interpretó que la atribución de la guarda y custodia compartida a instancia de uno de los cónyuges, prevista en el artículo 92.8 del CC, era excepcional en cuanto se apartaba de la regla general del acuerdo entre ambos contemplada en el artículo 92.5 del CC, pero no porque se exigiera la concurrencia de circunstancias especiales para su adopción: "La excepcionalidad a que se refiere el inicio del apartado 8 debe interpretarse –según el Alto Tribunal– en relación con el apartado 5 del propio artículo 98, que admite que se acuerde la guarda y custodia compartida cuando así lo soliciten ambos progenitores o uno con el acuerdo del otro. Si no hay acuerdo, el artículo 92.8 del CC no excluye esta posibilidad, pero en este caso debe el Juez acordarla "fundamentándola en que sólo de esta forma se protege adecuadamente el interés superior del menor". De aquí que no resulta necesario concretar el significado de la "excepcionalidad" a que se refiere el artículo 92.8 del CC, ya que en la redacción del artículo aparece claramente que viene referida a la falta de acuerdo entre los cónyuges sobre la guarda compartida, no a que existan circunstancias específicas para acordarla".

En este sentido destacar igualmente la STS de 29 de abril de 2013, que declaró como doctrina jurisprudencial, en relación con la guarda y custodia compartida, que "la redacción del artículo 92 del CC no permite concluir que se trate de una medida excepcional, sino que, al contrario, habrá de considerarse normal e incluso

[15] Otros requisitos a tener en cuenta: Art. 92.6 "En todo caso, antes de acordar el régimen de guarda y custodia, el Juez deberá recabar informe del Ministerio Fiscal, y oír a los menores que tengan suficiente juicio cuando se estime necesario de oficio o a petición del Fiscal, partes o miembros del Equipo Técnico Judicial, o del propio menor, valorar las alegaciones de las partes vertidas en la comparecencia y la prueba practicada en ella, y la relación que los padres mantengan entre sí y con sus hijos para determinar su idoneidad con el régimen de guarda". Art.92.9 "9. El Juez, antes de adoptar alguna de las decisiones a que se refieren los apartados anteriores, de oficio o a instancia de parte, podrá recabar dictamen de especialistas debidamente cualificados, relativo a la idoneidad del modo de ejercicio de la patria potestad y del régimen de custodia de los menores".

deseable, porque permite que sea efectivo el derecho que los hijos tienen a relacionarse con ambos progenitores, aun en situaciones de crisis, siempre que con ello sea posible y en tanto en cuanto lo sea".

La patria potestad, a no ser que haya causa de privación, es compartida en todos los casos, con independencia de a quién se le otorgue la guarda y custodia, lo cual significa que cualquier decisión de interés para la vida, salud, formación y educación del menor será adoptada por los padres conjuntamente.

En el momento que se solicita la custodia compartida de los menores, se sigue el principio favor filii, ya que los menores no pueden ser utilizados como el eje del conflicto, por tanto la jurisprudencia establece la forma para otorgar la custodia compartida (De la Iglesia, 2012). Entre los elementos esenciales que hay que determinar en este régimen son los periodos de tiempo que pasara el menor con cada progenitor. Dependerá del acuerdo al que lleguen los padres o valoradas las circunstancias y lo conveniente para los hijos, lo que decida el Juez. La jurisprudencia recoge lapsos de tiempo semanales, mensuales, trimestrales, semestrales o anuales, teniendo el otro progenitor un régimen de visitas semanal, una o dos tardes, por regla general y los fines de semana alternos, con mitad de vacaciones. En la SJPI de Ávila, de 28 de julio de 2014, en juicio de divorcio la madre solicitó la guarda y custodia para ella, él padre se opuso y pidió que fuera para él, de tal forma que se dictó el régimen de guarda y custodia compartida dividiendo los años pares a la madre, con los meses enero, abril, mayo, agosto, septiembre y diciembre, los restantes para el padre. Y en años impares, viceversa, ejerciéndose en el domicilio familiar.

2.2. Uso de la vivienda

Respecto al uso de la vivienda una vez producida la separación o el divorcio el artículo 96 del CC, establece que se hará conforme al acuerdo de los cónyuges aprobado por el Juez y en su defecto el uso de la vivienda familiar y de los objetos de uso ordinario en ella corresponde a los hijos y al cónyuge en cuya compañía queden. Añadiendo que si alguno de los hijos queden en la compañía de uno y los restantes en la del otro, el Juez resolverá lo procedente. El tema central es que, en los casos de custodia compartida podrá realizarse una labor de ponderación de las circunstancias concurrentes en cada caso, con especial atención a dos factores: en primer lugar al interés más necesitado de protección, que no es otro que aquel que permite compaginar los periodos de estancia de los hijos con sus dos padres; en segundo, a si la vivienda que constituye el domicilio familiar es privativa de uno de los cónyuges, de ambos, o pertenece a un tercero.[16]

---

[16] STS de 24 de octubre de 2014.

Si se determina el régimen de custodia compartida, las posibilidades esencialmente son dos:[17] 1) Que la vivienda familiar quede en uso y disfrute de los hijos, en compañía del progenitor con el cual convivan ese tiempo predeterminado, pudiendo el otro progenitor retirar sus objetos y efectos personales y de su exclusiva pertenencia, así se señala en la SJPI de Ávila, antes mencionada. De forma que serán los padres los que alternan permaneciendo los hijos en el domicilio familiar; 2) Se atribuye la vivienda al progenitor que se haya acordado, normalmente el de menor capacidad económica, o más necesitado de protección y los hijos se desplazarán a la vivienda del otro, el tiempo que se haya fijado. En el caso de la SJPI de Sevilla, de 13 de noviembre de 2013, se atribuye a la madre, teniendo la guarda y custodia compartida en semanas alternas, pasando la tarde del miércoles con el progenitor que no estén.

Una vez más el Tribunal Supremo, en este sentido, y en su sentencia de 24 de octubre de 2014, ha tenido que interpretar un supuesto en el que se concede la custodia compartida pero la vivienda familiar es un bien privativo del padre, cuyo uso se otorga a la madre. Se pretende a través de este recurso que la Sala adopte una solución con relación a la atribución de la vivienda al cónyuge no titular de la misma en casos de custodia compartida, sobre la que no existe jurisprudencia de casos similares, pero que sin embargo la legislación autonómica si recoge.

Solicita la madre la guarda y custodia del hijo y el uso de la vivienda, el padre se opone pidiendo la custodia compartida y el uso de la vivienda para él, ya que se trata de un bien privativo de su propiedad. En Primera Instancia se le concede la custodia y el uso de la vivienda a la madre, mientras que la Audiencia concede la custodia compartida y el uso de la vivienda a la madre como interés más necesitado de protección en ese momento. El padre basa su recurso de casación en si se ha aplicado de forma indebida el artículo 96 del CC, en relación con el artículo 348, del mismo texto, y artículo 33 de la Constitución Española, en cuanto a la atribución de la vivienda familiar "a la madre", y sin carácter temporal, siendo privativa del recurrente y habiéndose acordado la guarda y custodia compartida.

Determina la STS mencionada, que la regulación del artículo 96 del CC no sucede en el caso de la custodia compartida al no encontrarse los hijos en compañía de uno solo de los progenitores, sino de los dos. Supuesto en el que la norma

---

[17] Advierte el Tribunal Supremo, en la Sentencia que se comenta a continuación, de 24 de octubre de 2014, que "El problema para hacer efectivo este régimen de convivencia, es especialmente grave en situaciones de crisis económica, cuando en la vivienda quedan los niños y son los padres los que se desplazan en los periodos de convivencia establecidos, puesto que les obligará a disponer de su propia vivienda, además de la familiar, con tres viviendas en uso. También lo es cuando uno de ellos es titular de la vivienda en que la familia ha convivido y el otro carece de ella puesto que existe el riesgo de que no pueda cumplimentar esta alternancia en los periodos en que le corresponde vivir en compañía de los hijos, como es el caso".

que debe aplicarse analógicamente es la del párrafo segundo que regula el supuesto en el que existiendo varios hijos, unos quedan bajo la custodia de un progenitor, y otros bajo la del otro, y permite al juez resolver "lo procedente".

Indica el Tribunal Supremo que se debe analizar si se ha de imponer una limitación del derecho de uso, armonizando los dos intereses contrapuestos: a) el del titular de la vivienda que quedaría indefinidamente frustrado al no permitírsele disponer de ella, incluso en los periodos en los que el hijo permanece con él; b) el del hijo a comunicarse con su madre en otra vivienda. Es cierto que la situación económica de uno de los progenitores puede dificultar en algunos casos la adopción del régimen de custodia compartida y que sería deseable que uno y otro pudieran responder al nuevo régimen que se crea con la medida. Pero en este caso es posible *extender el uso hasta los dos años* contados desde esta sentencia. "Se trata de un tiempo suficiente que va a permitir a la esposa rehacer su situación económica puesto que si en ese momento carece de ingresos, cuenta con apoyos familiares y puede revertir, por su edad y cualificación (química) la situación económica mediante al acceso a un trabajo", que incremente los ingresos que recibe tras la ruptura personal definitiva de su esposo, y le permita, como consecuencia, acceder a una vivienda digna para atender a las necesidades del hijo durante los periodos de efectiva guarda, siempre con la relatividad que, en ese mismo interés del menor, tienen estas y las demás medidas que puedan afectarle teniendo en cuenta *que la guarda compartida está establecida en interés del menor, no de los progenitores*, y que el principio que rige los procesos de familia es la posibilidad de cambio de las decisiones judiciales cuando se han alterado las circunstancias, por medio del procedimiento expreso de modificación de medidas.

2.3. Pensión de alimentos

Determina el artículo 93 del CC que "El Juez, en todo caso, determinará la contribución de cada progenitor para satisfacer los alimentos y adoptará las medidas convenientes para asegurar la efectividad y acomodación de las prestaciones a las circunstancias económicas y necesidades de los hijos en cada momento", por lo que se recogerá en el convenio regulador la pensión de alimentos en relación a los hijos. Al igual que en el caso de la vivienda son varias las posibilidades que se pueden recoger cuando el régimen aplicable será el de la custodia compartida, puesto que los hijos vivirán con los dos progenitores que tendrán que afrontar sus gastos, y que puede que el que no conviva con ellos tenga que abonar una cantidad o no, dependiendo de las circunstancias económicas. El hecho de que exista custodia compartida no exime del pago al progenitor que no conviva ese tiempo con ellos, ya que depende de las circunstancias económicas y de la protección que ha de darse al interés del menor.

Las posibilidades que pueden darse, según capacidad económica, y extraídas, por ser las más repetidas en la jurisprudencia menor son, entre otras: a) para el caso de que los hijos se queden en la vivienda, y los padres alternen los periodos de convivencia, la totalidad de los gastos del hogar familiar serán satisfechos por mitad e iguales partes por los dos, sufragando cada progenitor los gastos el tiempo de convivencia; b) para el caso de que se desplacen al domicilio de la madre y al del padre por periodos alternos, ambos progenitores podrán satisfacer directamente los alimentos del menor en su propio domicilio, abonando los gastos ordinarios y extraordinarios al 50%; c) los menores que estén bajo la guarda de cada uno de sus progenitores por periodos alternos en sus respectivos domicilios, el padre satisfacerá una cantidad mensual, abonando el 50% de los gastos extraordinarios.

La contribución de los progenitores a las necesidades de los hijos menores de edad se rige por criterios distintos dependiendo de que se trate de gastos "ordinarios", "extraordinarios" o "voluntarios". La SJPI de Sevilla de 13 de noviembre de 2013, establece unas recomendaciones sobre el ejercicio de la custodia compartida, y determina cuales pueden ser estos gastos sin que necesariamente tengan carácter exhaustivo[18]: a) Son gastos ordinarios usuales e incluidos en la pensión alimenticia los de vestido, los de educación, incluidos los universitarios en centros públicos, ocio, las excursiones escolares, material escolar, transporte, uniformes, libros, aula matinal, comedor; b) Son gastos ordinarios no usuales las actividades extraescolares, campamentos o cursos de verano o viajes al extranjero. Estos gastos deben ser siempre consensuados de forma expresa y escrita para poderse compartir el gasto y a falta de acuerdo, sufragados por quien de forma unilateral haya tomado la decisión, sin que proceda la autorización judicial subsidiaria para que se comparta el gasto al no revestir el carácter estrictamente necesario, y sin perjuicio de ello de la acción del artículo 156 del Código Civil, si la discrepancia estriba en si debe o no el menor realizar la actividad; c) Se entiende por gastos extraordinarios los que tengan carácter excepcional, imprevisible, y estrictamente necesario. Cabe considerar gastos extraordinarios de educación las clases de apoyo escolar motivadas por un deficiente rendimiento económico. Gastos extraordinarios médicos con prescripción facultativa, óptica, gastos de farmacia no básicos y con prescripción médica, y en general los no cubiertos por la sanidad pública o por el seguro médico privado que puedan tener las partes. Los gastos extraordinarios han de ser siempre consensuados y en caso de discrepancia deben ser autorizados por el juzgado, instándose acción del artículo 156 del CC, salvo razones objetivas de urgencia.[19]

---

[18] El Anteproyecto recoge en la modificación que pretende, esta distinción entre gastos ordinarios y extraordinarios, y que completa con la mención a los gastos voluntarios.

[19] Indica la mencionada SJPI que "El consenso debe alcanzarse de forma expresa y escrita antes de hacer el desembolso, sin embargo la atención a la peculiar naturaleza de los gastos extraordinarios, se entenderá prestada la conformidad, si requerido a tal efecto un progenitor por el otro, de for-

Hemos de destacar en este sentido, y conforme a la materia que tratamos, una vez más la interpretación del Tribunal Supremo, en cuanto a la limitación temporal de la pensión de alimentos en supuestos de custodia compartida. Lo indica la STS de 11 de febrero de 2016, en un caso en que la sentencia de primera instancia estimó parcialmente la demanda, y en lo esencial fija la guarda y custodia compartida de los dos padres y pensión compensatoria para la madre durante dos años, si bien, pasado este tiempo se va a suspender también el abono de la fijada sobre alimentos de los hijos. Se establece por tanto, que la pensión alimenticia se abonará durante el plazo de dos años, período que se estima prudencial para que la madre pueda acceder al mercado laboral; a partir de entonces cada progenitor se hará cargo de los alimentos de los hijos en los períodos a su cargo. La Audiencia Provincial otorga la guarda y custodia a la madre, porque no hay datos objetivos que constaten que de no acordarse la guarda y custodia compartida no se protegerán adecuadamente el interés del menor, y sobre la pensión compensatoria se amplía a tres años.

El recurso de casación, en cuanto a la materia que tratamos, se fundamenta en la infracción del artículo 92 del CC, ya que al atribuir la guarda y custodia exclusiva a la madre, no se aplicaría correctamente el principio del interés del menor y la jurisprudencia del Tribunal Supremo en la materia; aspectos éstos que desarrollaremos en el último epígrafe del trabajo.

Por lo que aquí interesa, el recurrente entiende que al adoptarse el sistema de custodia compartida no es necesario el pago de alimentos, pues cada uno se hará cargo de los mismos durante el período que tenga la custodia de los menores. Sin embargo, en la sentencia del Juzgado, que acordaba dicha custodia, fijaba alimentos para los hijos, dado que la madre no tenía ingresos propios, si bien los limitaba por un plazo de dos años, en los que consideraba que aquella podría encontrar trabajo. El Tribunal Supremo, reconoce el error del JPI, indicando que *la custodia compartida no exime del pago de alimentos, cuando exista desproporción entre los ingresos de ambos cónyuges, o como en este caso, cuando la progenitora no percibe salario o rendimiento alguno* (art. 146 C.C.), ya que la cuantía de los alimentos será proporcional a las necesidades del que los recibe, pero también al caudal o medios de quien los da. *Los menores no pueden quedar al socaire de que la madre pueda o no encontrar trabajo.* Indica igualmente que esta limitación temporal, tiene sentido en una pensión compensatoria, como estímulo en la búsqueda de ocupación laboral, pero no tiene cabida en los alimentos a los hijos, al proscribirlo el art. 152 del C.C. Se mantiene en este caso la custodia compartida para los progenitores pero los alimentos sin limitación temporal.

---

ma fehaciente, es decir que conste sin lugar a dudas la recepción del requerimiento, se dejare transcurrir un plazo de 10 días hábiles sin hacer manifestación alguna. En el requerimiento que realice el progenitor que pretende hacer el gasto, se deberá detallar cuál es el gasto concreto que precise el hijo y se adjuntará presupuesto donde figure el nombre del profesional que lo expide".

En base a lo pronunciado, podemos concluir que no cabe, a priori, establecer una limitación al derecho de alimentos de los hijos, atendidas las circunstancias en cada caso, por que el régimen sea el de custodia compartida. El interés del menor como principio fundamental, conlleva asegurar sus necesidades, lo cual no es obstáculo, para que en el supuesto de que las circunstancias cambiaran sustancialmente, el padre pueda solicitar una modificación de medidas, acorde con el artículo 91 del CC.

El Anteproyecto de 2013, en la modificación que pretende realizar del artículo 93, añade como criterios para que se determine la pensión, los siguientes: las necesidades de los hijos, los recursos económicos de cada progenitor, el tiempo de permanencia de los hijos con cada uno, la atribución que se haya realizado del uso de la vivienda familiar, el lugar en que se haya fijado la residencia de los hijos y la contribución a las cargas familiares, en su caso.

3. EL INTERÉS DEL MENOR

El interés superior del menor se ha venido considerando como un concepto jurídico indeterminado (Rivero, 2007), mencionado en los textos internacionales y nacionales más relevantes en materia de menores. En este último sentido, artículo 39 de la CE, artículos, entre otros, 92, 154, y 170 del CC, artículo 2 de la Ley Orgánica 1/1996, de 15 de enero, de Protección Jurídica del Menor, (antes de la reforma por la Ley LO 8/2015 de 22 de julio), que ni definían ni concretaban que debe entenderse por dicho principio. Sin embargo, el legislador ha tenido a bien, en la nueva redacción del art.2 de la LOPJM, tras la reforma señalada, dividir el precepto en cinco apartados para concretar muy específicamente que debe considerarse por el interés superior del menor.[20] El primero hace referencia a que ha de valorarse y estimarse primordial en todas las actuaciones que les afecten. El segundo apartado sienta unos criterios generales de aplicación al supuesto concreto, como pueden ser, la protección del derecho a la vida, satisfacción de sus necesidades básicas, la consideración de los deseos, sentimientos u opiniones, la conveniencia de que su vida y desarrollo tenga lugar en un entorno familiar adecuado y libre de violencia, entre otros. El tercer punto determina que estos criterios se ponderaran teniendo en cuenta, otros elementos generales, la edad y madurez, la necesidad de garantizar su igualdad, la preparación para el tránsito a la edad adulta. El cuarto, se refiere a la situación en que concurriendo otros interés legítimos deberán respetarse priorizando el del menor; mientas que el último recoge cinco apartados que concretan

[20] Artículo 2 de la Ley de Protección Jurídica del menor, redactado por el 1.2 de la LO 8/2015, de 22 de julio, de modificación del sistema de protección a la infancia y a la adolescencia.

las garantías del proceso al que debe estar sometida toda medida que se dicte en el interés superior del menor.

En relación al tema que nos ocupa, para concretar cuál debe ser el interés del menor en la interpretación del artículo 92 del CC, en torno a la guarda y custodia compartida, hemos de acudir a la ya reiterada, doctrina jurisprudencial. La STS de 29 de abril de 2013, indica los criterios que se han de tener en cuenta para que se entienda protegido el interés del menor. Estos son los siguientes: la práctica anterior de los progenitores en sus relaciones con el menor y sus aptitudes personales; los deseos manifestados por los menores competentes; el número de hijos; el cumplimiento por parte de los progenitores de sus deberes en relación con los hijos y el respeto mutuo en sus relaciones personales; el resultado de los informes exigidos legalmente y, en definitiva, cualquier otro que permita a los menores una vida adecuada, aunque en la práctica pueda ser más compleja que la que se lleva a cabo cuando los progenitores conviven.

Se exige sin duda, como indica la STS de 2 de julio de 2014, entre otras, un compromiso mayor y una colaboración de sus progenitores tendente a que este tipo de situaciones se resuelvan en un marco de normalidad familiar. Lo que se pretende es aproximar semejante régimen al modelo de convivencia existente antes de la ruptura matrimonial y garantizar al tiempo a sus padres la posibilidad de seguir ejerciendo los derechos y obligaciones inherentes a la potestad o responsabilidad parental y de participar en igualdad de condiciones en el desarrollo y crecimiento de sus hijos, lo que parece también lo más beneficioso para ellos.

Como hemos expuesto, tanto el artículo 92.6 del CC que determina que el Juez deberá valorar, entre otras cuestiones, la relación que los padres mantengan entre sí, como el Tribunal Supremo que interpreta que ha de existir, para otorgar este régimen un respeto mutuo entre ellos. Hemos sido críticos, a este respecto, en alguna ocasión (Morillas, *et al.*, 2012) puesto que no consideramos que deba ser un factor determinante, a la hora de determinar el régimen de custodia compartida, ya que los antecedentes derivan de una situación de ruptura matrimonial en la cual, no olvidemos el aspecto patrimonial, que en algunos casos puede afectar a las relaciones entre ellos, con independencia de que de esta forma se proteja el interés del menor y sea lo conveniente. Considerando en cualquier caso el esfuerzo que deben hacer, sin duda, los padres para tener una relación de respeto mutuo.

Importante destacar, en esta línea, la STS de 11 de febrero de 2016. En primera instancia es la madre la que pide la guarda y custodia de los hijos, contestando a la demanda y oponiéndose el padre, que solicita se le atribuya a él. La SJPI determina que quedaran en compañía y bajo la guarda y custodia de ambos progenitores de forma compartida, por meses alternos. La madre interpone recurso de apelación, y la Audiencia Provincial, señala que los menores quedarán bajo la guarda y custodia de la madre, basando su decisión, fundamentalmente en la consideración de que no es más beneficioso para los menores este régimen, ya que existe un enfrentamiento entre ellos que lo hacen desaconsejable, según el informe del equipo técnico psicosocial[21], pues la falta de consenso podría repercutir en la estabilidad y desarrollo de los menores. Sin analizar, los beneficios que para los menores podría entrañar el régimen de custodia compartida. Recurre el padre en casación alegando, entre otras infracciones la del artículo 92, 5, 6 y 7 del CC, y la oposición de la sentencia recurrida a la doctrina del Tribunal Supremo, en cuanto viene indicando, como se ha dicho, que el interés del menor es el principio básico que ha de determinar la adopción de la guarda y custodia compartida.

Indica el Tribunal Supremo, en este caso, que para la adopción del sistema de custodia compartida *no se exige un acuerdo sin fisuras, sino una actitud razonable y eficiente en orden al desarrollo del menor, así como unas habilidades para el diálogo que se han de suponer existentes en los litigantes,* al no constar lo contrario. La custodia compartida conlleva como premisa la necesidad de que entre los padres exista una relación de mutuo respeto que permita la adopción actitudes y conductas que beneficien al menor, que no perturben su desarrollo emocional y que pese a la ruptura afectiva de los progenitores se mantenga un marco familiar de referencia que sustente un crecimiento armónico de su personalidad.

Igualmente, alude a la nueva normativa en materia del interés del menor, a la que antes hemos hechos referencia, la Ley Orgánica 8/2015 de 22 de julio de modificación del sistema de protección a la infancia y a la adolescencia, que aunque no es aplicable por su fecha, "sí extrapolable como canon hermenéutico, en el sentido de que se preservará el mantenimiento de sus relaciones familiares", se protegerá "la satisfacción de sus necesidades básicas, tanto materiales, física y educativas como emocionales y afectivas"; se ponderará "el irreversible efecto del transcurso del tiempo en su desarrollo"; "la necesidad de estabilidad de las soluciones que se adopten..." y a que "la medida que se adopte en el interés superior del menor no restrinja o limite más derechos que los que ampara".

El hecho de que los progenitores no se encuentren en buena armonía es una consecuencia lógica tras una decisión de ruptura conyugal. No se aprecian factores que permitan entender que los progenitores no podrán articular medidas adecuadas en favor de sus hijos, con lo cual se casa la SAP manteniéndose la custodia compartida.

---

[21] En el informe psicosocial consta: 1. La conflictividad, en ascenso, entre los progenitores. 2. No se presentan factores psicopatológicos en los padres. 3. Los menores tienen vinculación positiva con ambos progenitores. 4. Los menores presenciaron en muchas ocasiones las desavenencias. 5. Ambos cuentan con buenas competencias parentales. 6. En el informe se opta por aconsejar la custodia a favor de la madre, dada su estabilidad laboral y su actitud facilitadora del contacto paternofilial. 7. A favor del padre propone fines de semana alternos, mitad de vacaciones y dos tardes en semana.

Al hilo de la consideración que hace el Tribunal Supremo sobre el interés del menor en base a la nueva normativa aunque no aplicable, pero sí extrapolándolo a la misma, queremos detenernos en la Sentencia del Tribunal Supremo de 4 de febrero de 2016. Como antecedentes, el JPI atribuye la guarda y custodia a la madre, teniendo la titularidad de la patria potestad ambos progenitores. Por su parte, la Audiencia Provincial la revoca, otorgando un régimen de custodia compartida a ambos por semanas alternas, asumiendo los gastos ordinarios básicos el que los tenga en su compañía, ingresando cada uno 200 euros para los gastos fijos de los menores que sean posibles y los extraordinarios por mitad. Ambos progenitores están igualmente capacitados para ejercer estas funciones. La madre interpone recurso de casación por vulneración del artículo 92.5, 6 y 8, y posteriormente aporta Sentencia del Juzgado de Instrucción por la que se condena al padre por un delito de amenazas en el ámbito familiar. Se fundamenta ésta en los siguientes hechos probados: cuando la madre iba un día a entregar a los hijos al domicilio del acusado, y con ánimo de causarle a la misma un temor de sufrir un menoscabo en su integridad corporal, le dijo "como no me den la custodia compartida te arrancio la piel a tiras, como me quites la custodia compartida aunque sea lo último que haga, te meto una hostia aquí mismo, mentirosa de la hostia, esto va a acabar mal para todos, perra de la hostia, te va a tocar la gorda, la gorda te va a tocar". Inmediatamente se arrepintió y asumió su responsabilidad, justificando que se había producido este hecho por su ansiedad y depresión.

Determina el Tribunal Supremo, que "son hechos indiscutidos de violencia en el ámbito familiar, con evidente repercusión en los hijos, que viven en un entorno de violencia, del que son también víctimas, directa o indirectamente", y a quienes el sistema de guarda compartida propuesto por el progenitor paterno y acordado en la sentencia les colocaría en una situación de riesgo por extensión al que sufre su madre, directamente amenazada. Como hemos indicado anteriormente, una cosa es la lógica conflictividad que puede existir entre los progenitores como consecuencia de la ruptura, y otra distinta que ese marco de relaciones se vea tachado por una condena, por un injustificable delito de violencia de género que aparta al padre del entorno familiar y de la comunicación con la madre, lo que van a imposibilitar el ejercicio compartido de la función parental adecuado al interés de sus dos hijos.[22]

---

[22] Destacar en la línea de lo expresado la STS de 26 de noviembre de 2015, sobre régimen de visitas del padre a su hija menor, cuando cumple condena por malos tratos a la madre y a su otra hija mayor. En relación al interés del menor manifiesta que este concepto ha sido desarrollado en la Ley Orgánica 8/2015 de 22 de julio, no aplicable por su fecha a los presentes hechos, pero sí extrapolable como canon hermenéutico, en el sentido de que "se preservará el mantenimiento de sus relaciones familiares", se protegerá "la satisfacción de sus necesidades básicas, tanto materiales, física y educativas como emocionales y afectivas"; se ponderará "el irreversible efecto del transcurso del tiempo en su desarrollo"; "la necesidad de estabilidad de las soluciones que se adopten..." y a que "la medida que

El art. 2 de la LO 8/2015 de 22 de julio, de modificación del sistema de protección a la infancia y a la adolescencia, exige que la vida y desarrollo del menor se desenvuelva en un entorno "libre de violencia" y que "en caso de que no puedan respetarse todos los intereses legítimos concurrentes, deberá primar el interés superior del menor sobre cualquier otro interés legítimo que pudiera concurrir"; criterios que aun expresados en una ley posterior a la demanda, incorpora los que esta Sala ha tenido reiteradamente en cuenta a la hora de integrar el interés del menor. Se mantiene la SJPI que otorga la guarda y custodia a la madre.

4. CONCLUSIONES

Indudablemente han quedado manifiestas las líneas de interpretación del Tribunal Supremo, a favor de la custodia compartida siempre que de esta manera se proteja adecuadamente el interés del menor. Insiste en que es la medida deseable para la integración del menor con ambos progenitores y para evitar el sentimiento de pérdida que puede ocasionar la ruptura. Se ha avanzado en la materia y en la igualdad de los padres para el ejercicio de la misma. Se han superado ya conceptos, que apriori, resultaban cuando menos inalcanzables, como la deslocalización de los hijos al tener que cambiar, en la mayoría de los casos, de domicilio, y que sin duda es un factor mucho más beneficioso el compartir el tiempo y la crianza con ambos padres. Superado, parece por lo expuesto en el presente trabajo, que no se trata de una medida excepcional, interpretada así por la redacción del legislador incorporada al Código.

Igualmente se piden criterios de justicia, de equilibrio y de igualdad en el uso de la vivienda, y la pensión de alimentos, en los casos de custodia compartida. Salvaguardando, como no podía ser de otra forma, el interés del menor, y no llevando a equivocaciones sociales de que no hay pensión de alimentos si hay compartida, puesto que han quedado patentes algunos criterios que han de tenerse en cuenta. La relación de los padres ha de ser de respeto, y no debe afectar al menor, pero como ya dijimos no puede convertirse en criterio indispensable para el otorgamiento de este tipo de custodia.

Sin embargo, en la jurisprudencia menor, sí pensamos que es necesario superar el mantenimiento de la custodia exclusiva si no hay cambio de circunstancias y el menor está bien. Ese no es el espíritu ni de las modificaciones mencionadas ni de

---

se adopte en el interés superior del menor no restrinja o limite más derechos que los que ampara". Igualmente el art. 2 de la mencionada LO 8/2015 exige que la vida y desarrollo del menor se desarrolle en un entorno "libre de violencia" y que "en caso de que no puedan respetarse todos los intereses legítimos concurrentes, deberá primar el interés superior del menor sobre cualquier otro interés legítimo que pudiera concurrir". Se establece como doctrina jurisprudencial *que el juez o tribunal podrá suspender el régimen de visitas del menor con el progenitor condenado por delito de maltrato con su cónyuge o pareja y/o por delito de maltrato con el menor o con otro de los hijos, valorando los factores de riesgo existentes.*

la doctrina jurisprudencial. Aunque exista un amplio régimen de visitas, se impide la normalización de relaciones con ambos progenitores para crecer en condiciones de igualdad, permitiendo el efectivo derecho que los hijos tienen a relacionarse con sus padres, permitiendo acercarse a la situación existente antes de la ruptura.

Es necesaria una nueva regulación en la materia, ya que, como hemos observado, el Código civil deja al juez, si no hay acuerdo de las partes, que establezca los aspectos que regirán el régimen de custodia compartida, teniendo como referencia circunstancias y criterios emanados de la propia doctrina jurisprudencial.

El Anteproyecto modifica la regulación del ejercicio, de la patria potestad, la guarda y custodia de los hijos, el régimen de estancia, visita y comunicación con el cónyuge que no convive con ellos, la contribución de los progenitores a las cargas familiares, la atribución del uso de la vivienda familiar y la liquidación del régimen económico matrimonial. Se trata de "cuestiones íntimamente ligadas entre sí, pero sin duda todo gira –se dice– en torno a la guarda y custodia de los hijos, punto central de la presente reforma".

Ciertamente introduce cambios, muy necesarios, para superar el sistema de custodia monoparental, y para fortalecer el derecho de los hijos a mantener relaciones personales y contacto directo con ambos progenitores, impulsando la mediación en estos casos para llegar a acuerdos.

Son muchas las consideraciones, propuestas, sugerencias o críticas que se le han hecho al Anteproyecto, por parte del Consejo Fiscal, CGPJ, Consejo de Estado, corporaciones, asociaciones y organizaciones con intereses en la reforma. Es por ello, que esperamos, no tarde el dialogo y el consenso para llevar a cabo una reforma tan necesaria como urgente en el Derecho de familia español.

5. BIBLIOGRAFÍA

Bercovitz Rodríguez-Cano, Rodrigo (2007) *Manual de Derecho Civil.* Derecho de Familia, Madrid, Bercal.

De la Iglesia Monge, María Isabel (2012) Custodia Compartida y el Derecho de Uso de la Vivienda Familiar. Análisis Jurisprudencial, *Revista Crítica de Derecho Inmobiliario,* nº 732, pp. 2235-2247.

López San Luis, Rocio (2009) La mediación familiar como Instrumento para la adopción de la guarda y custodia compartida, en García Garnica, María del Carmen [dir.] *La protección del menor en las rupturas de pareja,* Pamplona, Aranzadi, pp. 387-402.

Morillas Fernández, Marta (2012) Hacia una Reforma de la Custodia compartida en Jiménez Liébana Domingo [coord.] *Estudios de Derecho Civil en Homenaje al Profesor José González García,* Pamplona, Aranzadi, pp. 1287-1304.

Rivero Hernández, Francisco (2007) *El interés del menor,* Madrid, Dykinson.

* Jurisprudencia consultada

Sentencia Tribunal Constitucional de 17 de octubre de 2012
Sentencia Tribunal Supremo de 22 de julio de 2011
Sentencia Tribunal Supremo de 29 de abril de 2013
Sentencia Tribunal Supremo de 24 de octubre de 2014
Sentencia Tribunal Supremo de 11 de febrero de 2016
Sentencia Tribunal Supremo de 29 de abril de 2013
Sentencia Tribunal Supremo de 2 de julio de 2014
Sentencia Tribunal Supremo de 11 de febrero de 2016
Sentencia del Tribunal Supremo de 4 de febrero de 2016
Sentencia Tribunal Supremo de 26 de noviembre de 2015
Sentencia del Juzgado de Primera Instancia de Ávila de 28 de julio de 2014
Sentencia del Juzgado de Primera Instancia de Sevilla de 13 de noviembre de 2013

CAPÍTULO 5

FACTORES DETERMINANTES EN LA ATRIBUCIÓN DE LA CUSTODIA COMPARTIDA. UN ESTUDIO SOCIOLÓGICO EN LOS JUZGADOS DE FAMILIA[23]

Raúl Ruiz Callado
raulruiz@ua.es
Rafael Alcázar
rafael.alcazar@ua.es
Universidad de Alicante, España

1. INTRODUCCIÓN

En los últimos años estamos asistiendo a una reestructuración del modelo de familia y, consecuentemente, a una serie de cambios legislativos en materia de ruptura familiar. Así, la Ley 15/2005, de 8 de julio, eliminó el requisito de la separación judicial previa al divorcio e introdujo por primera vez la posibilidad de acordar la custodia compartida de los menores, ya que anteriormente dicha posibilidad no estaba prevista legalmente (Carrasco, 2011). Entre los años 2005 y 2010 el modo de acceso al régimen de custodia compartida exigía el acuerdo entre las partes, su tramitación se realizaba casi exclusivamente por la vía del mutuo acuerdo y no entraba dentro de la custodia disputada. Consecuentemente, las resoluciones judiciales reflejaban el acuerdo entre las partes, pero no se pronunciaban sobre la procedencia o viabilidad del régimen de custodia compartida. Más recientemente, sin embargo, distintas comunidades autónomas españolas con competencia para ello, han modificado sus leyes sobre relaciones familiares, las cuales se orientan hacia una mayor concreción en los criterios que han de guiar las decisiones sobre guarda y custodia de los hijos (Justicia, 2013).

---

[23] La presente investigación es parte de una tesis doctoral en curso.

Posteriormente, en los años 2011 y 2012 se llevaron a cabo reformas legislativas, por parte de algunas comunidades autónomas con competencia en la regulación de las relaciones paterno-filiales, con un denominador común: cambio en la terminología que regula las relaciones paterno-filiales y flexibilización del acceso a un modelo de custodia compartida tras la ruptura familiar. No obstante, si bien en el caso de Aragón y de la Comunidad Valenciana el acceso a esta modalidad de custodia se convirtió en la opción preferente frente a un modelo de custodia única, la realidad refleja que, en la Comunidad Valenciana, aunque ha aumentado notablemente el porcentaje de custodias compartidas otorgadas respecto a años anteriores, este aumento no es equiparable al de custodias únicas a favor de la madre, que continúa siendo el modelo de atribución más frecuente: según el Instituto Nacional de Estadística (INE), el porcentaje de resoluciones judiciales favorables a un modelo de custodia compartida ha aumentado del 10,5% en el año 2010 al 17,9% en 2013. Sin embargo, todavía existe una diferencia importante con respecto a la atribución de la custodia materna: 83,2% en 2011; 81,7% en 2012 y 75,1% en 2013. Resulta sorprendente, por tanto, que la legislación señale como modelo general un sistema de custodia compartida (art.3 de la Ley 5/2011), y que en la práctica el modelo general continúe siendo el modelo de custodia única a favor de la madre (INE, 2011-2013).

Esta diferencia porcentual se debe a la existencia de un conjunto de variables sociológicas que se pretenden identificar en este estudio, y cuyo comportamiento se basa en la manifestación de una estructura social desigual en el reparto de las funciones educativas y domésticas, actualmente en proceso de cambio (Jurado, 2005; Becerril, 2013). Asimismo, las decisiones judiciales son, a su vez, el reflejo de esta estructura social.

La explicación de estos cambios ha sido debatida por diferentes autores y ha tenido distintas denominaciones: segunda modernidad (Beck y Beck-Gernsheim, 2003), modernidad líquida (Bauman, 2004), modernización reflexiva (Beck, Guiddens y Lash 1997), o sociedad red (Castells, 2003). No obstante, hablar de Modernidad supone hacer referencia a un conjunto de teorías que tratan de dar cuenta de la complejidad del cambio social y su impacto en diferentes ámbitos de la vida cotidiana en general y de la familia en particular. Desde esta perspectiva, el estudio de la custodia compartida puede ser considerado como una expresión de este cambio social, ya que refleja de un modo claro el tránsito de un modelo de sociedad a otro, el cual supone la crisis del modelo de familia patriarcal (Castells, 2003), marcando el paso a otro modelo de familia negociadora (Meil, 2006), cuyo rasgo más característico respecto a los padres es la pérdida de legitimidad de los roles en función del género, así como un desgaste de la ideología patriarcal que ha dado lugar a un reparto de las responsabilidades entre los progenitores que requiere de una mayor negociación entre los miembros.

Por otro lado, para el estudio de la custodia compartida es preciso hablar y conocer los criterios que tienen en cuenta los tribunales en las decisiones sobre custodia. Cuando hablamos de criterios se hace referencia a aquello que se tiene en cuenta cuando se valora una situación en la que debe recomendarse un sistema de custodia (Granados, 1991; Ramírez González, 2003). El establecimiento de estos criterios de atribución de custodia se ha ido conformando bajo las diferentes influencias socio-culturales de cada época en relación con la familia, de manera que el estudio de dichos criterios tiene interés sociológico por cuanto trata de mostrar cómo la vida personal y las biografías individuales de las familias en proceso de ruptura están íntimamente conectadas con los acontecimientos históricos y los procesos estructurales que se viven en un momento concreto (Bauman, 2004).

La evolución de estos criterios ha sido estudiada por Grisso (1990) y Gardner (1989), observándose cómo la Revolución Industrial supuso un cambio en la composición y distribución de los roles en la familia, pues los avances científicos y médicos supusieron una disminución de la mortalidad y el aumento de la esperanza de vida que, junto con la industrialización, la incorporación de la mujer al mercado laboral, la legislación del divorcio y la movilidad geográfica de los trabajadores, fue cambiando la estructura de la familia y generando nuevas relaciones familiares. Consecuentemente, a partir de los años 70 se produjo el auge de los principios de igualdad entre los sexos y se fue consolidando en la práctica judicial la doctrina del mejor interés del menor, cuyo principal exponente a nivel legal es el Acta de Michigan (1970), el cual aportó dieciocho criterios para determinar la custodia de los hijos y constituye el punto de referencia obligado para el estudio de los criterios que tienen en cuenta los tribunales en la atribución de la custodia.

Arch (2008) realizó una revisión sobre los criterios más relevantes tenidos en cuenta por los jueces y expertos en la toma de decisiones sobre custodia en España. Todos ellos, tomados de uno en uno, resultan cuestionables para la recomendación de un sistema de custodia, por lo que se sugiere su valoración conjunta. Entre estos factores se destaca: cuidador primario, preferencias en los niños, acceso al otro progenitor, continuidad de la vida familiar, ajuste familiar, estado emocional y ajuste psicológico de los padres, edad de los niños, no separación de los hermanos, infraestructura y nivel de conflicto familiar.

En el ámbito internacional, Ackerman y Brey (2011) han vuelto a hacer una revisión de los criterios y de las prácticas que las diferentes instancias y profesionales han seguido en las evaluaciones de los sistemas de custodia. Así, se han producido cambios en los test y herramientas empleadas en la evaluación y en los criterios que se tienen en cuenta tanto en el abordaje de la custodia única como en la custodia compartida. Los criterios que señala como más importantes en la evaluación de la custodia compartida son: el grado de comunicación y de cooperación entre los padres; habilidades parentales similares; el mejor interés de los menores; y los acuerdos entre los padres y los hijos y el mantenimiento del sistema de relaciones paterno-filiales. Por otro lado, como criterios negativos más importantes en la determinación de la custodia compartida se encuentra la falta de comunicación entre padres y el alto conflicto parental; las diferencias significativas en las habilidades parentales; la distancia geográfica entre domicilios; o la presencia de consumo de alcohol y drogas entre los progenitores y la negligencia o el abuso sexual.

En España, Arce, Fariña y Seijo (2005) abrieron una línea de investigación sobre los razonamientos judiciales en procesos de separación a partir del estudio empírico de 1.000 sentencias civiles datadas entre 1993 y 1999. El estudio reveló que en más de la mitad de las sentencias analizadas no se observó criterio alguno que fundamentara la decisión. La concesión de la custodia al padre obedecía a un criterio de exclusión de la madre, ya que se motivaba más por un demérito (adicción, enfermedad mental, escasez de medios), que por criterios positivos del padre. Mientras, en las decisiones a favor de la madre prevalecía la ausencia de criterio. Sin embargo, no existe alusión a la custodia compartida, probablemente debido a que entre los años en los que la muestra es seleccionada (1993-1999), la custodia compartida no estaba incluida en el ámbito de la custodia disputada, sino que quedaban incluidas en el ámbito del mutuo acuerdo. Como consecuencia de ello, las resoluciones judiciales no se pronunciaban por su viabilidad. Posteriormente, Novo, Quinteiro y Vázquez (2013) continuaron la misma metodología de investigación aplicada a una muestra de 468 sentencias. Los resultados mostraron que todas las sentencias fueron motivadas por criterios como ser el cuidador habitual, la disponibilidad horaria y las circunstancias negativas en la vida del menor con el progenitor, tanto para la atribución de la custodia paterna como para la materna.

Ambos estudios comparten la misma metodología de análisis, pero la muestra es diferente. El estudio de Arce, Fariña y Seijo (2005) se refiere a sentencias dictadas antes de la aplicación de la primera ley de custodia compartida, mientras que el estudio de Novo, Quinteiro y Vázquez (2013) se fundamenta en sentencias dictadas posteriormente a esta fecha, aunque al igual que su predecesor se refiere a la alternativa de custodia única, y no de la custodia compartida. En este contexto, y volviendo a la aplicación de la ley de custodia compartida de la Comunidad Valenciana, la cual exige que se realice la valoración de la procedencia o no de esta modalidad de custodia, se encuentra el presente estudio, que parte de un análisis de contenido de las sentencias resueltas en los Juzgados de Familia de Alicante entre los años 2012 y 2013.

2. PLANTEAMIENTO DEL PROBLEMA

Esta investigación tiene como objetivo el conocimiento de los factores a los que los Juzgados de Familia de Alicante (España) otorgan mayor importancia en la atribución de la custodia compartida cuando es una opción disputada, así como conocer cuáles de éstos son los que más discriminan entre un modelo de custodia compartida y otro único. El conocimiento de estos factores nos permitirá conocer las razones por las que el modelo de custodia materna sigue siendo aún predominante.

La hipótesis de trabajo que se plantea para la explicación de esta brecha entre lo que la legislación prevé (el régimen de convivencia compartida es la regla general en la Comunidad Valenciana) y lo que la realidad empírica muestra (INE, 2011-2013), se fundamenta en el hecho de que los factores que definen el término "custodia compartida" resultan difíciles de cumplir por las familias que son examinadas por el tribunal. Se trata de los casos en los que la custodia compartida es una cuestión disputada y han fallado todos los mecanismos que el sistema judicial prevé para la resolución del conflicto de mutuo acuerdo.

En cuanto a la selección de la muestra en la ciudad de Alicante, ésta responde no sólo a criterios de accesibilidad, sino también al hecho de que en la Comunidad Valenciana tiene la peculiaridad, junto con la comunidad autónoma de Aragón, de ser las únicas en las que el sistema de atribución de la custodia compartida es la opción preferente.

3. MÉTODO

Para el estudio de los factores que tienen en cuenta los Juzgados de Familia de Alicante (España), se ha realizado un análisis de contenido de todas las sentencias dictadas en los procedimientos de divorcio desde el 1 de enero de 2012 hasta el 31 de diciembre de 2013, años en los que se ha empezado a aplicar la ley de la custodia compartida en el ámbito de la Comunidad Valenciana. Se trata de un total de 3.041 sentencias resueltas en los Juzgados de Familia de Alicante, de las cuales se disputó la custodia compartida en 162 resoluciones. El número restante de sentencias fueron resueltas de manera que el órgano judicial no se pronunció, puesto que en algún momento del procedimiento se llegó a un acuerdo entre las partes. Es preciso subrayar que el sistema judicial fomenta en todo momento dicho acuerdo.

El diseño de la investigación ha seguido un enfoque cuantitativo con finalidad descriptiva relacional. Siguiendo a Cea D´Ancona (1998), se procedió al registro de la información necesaria para fragmentar el documento en unidades de codificación y de contexto[24]. Posteriormente, se procedió a la clasificación de las unidades en categorías de codificación, a saber: juzgado que ha dictado sentencia, tipo de resolución, tipo de custodia y criterio de atribución de custodia. La unidad de contexto fueron las sentencias de los Juzgados de Familia de Alicante durante los años 2012 y 2013. A su vez, las unidades de registro se codificaron en categorías que cumplen con los requisitos de exhaustividad, exclusividad y precisión, de tal modo que cada unidad de registro sólo pueda clasificarse en una única categoría tal y como se refleja en Cuadro 1.

Para el análisis de los criterios de atribución de la custodia compartida se consultó la literatura científica que nos permitió identificar los criterios por los que se tienen cuenta en la atribución de un modo de custodia u otro (Arch, 2008; Catalán, 2011; Conde Pumpido, 2011; Guilarte, 2010; De Verda y Beamonte, 2014; Martín Corral, 1993; Vázquez Mezquita, 2005; Ramírez González, 2003; Ruiz Rodríguez, 2013; Simón Gil, 2009 y Viñas, 2012).

---

[24] Los codificadores entrenados fueron estudiantes de último curso del grado en Sociología de la Universidad de Alicante (España): Mª Cristina Tavall Donet, Carlos López Abellán, Sergio Martínez Giner y Mª Luisa Pardo Galera.

Tabla 1. Ficha de recogida de datos para el análisis de contenido.

Nº REGISTRO	JUZGADO (1)		TIPO RESOLUCIÓN (2)	TIPO CUSTODIA (3)		
	Nº8	Nº10	Mutuo Acuerdo (2.1)	Paterna (1)	FIN DEL CUESTIONARIO	
	(1) (2)			Materna (2)		
				Compartida (3)		
				Otra (4)		
			Contencioso (2.2)			
				Paterna (1)		
				Materna (2)		
				Compartida (3)		
				Otra (4)	CONTINUACIÓN DEL CUESTIONARIO	
					MOTIVACIÓN	
					Nº	FACTOR
					1	Cuidador primario
					2	Preferencias de los niños
					3	Acceso al otro progenitor
					4	Continuidad de la vida familiar
					5	Ajuste piscológico de los padres
					6	Edad de los niños
					7	No separación de los hermanos
					8	Infraestructura familiar
					9	Nivel de conflicto familiar
					10	Disponibilidad de tiempo
					11	Existencia de informe previo
					12	Estabilidad económica
					13	Cambio de circunstancias familiares
					14	Característica especial
					15	OTROS

Fuente: Alcázar, R. y Ruiz-Callado, R. Elaboración propia.

Conocidos los factores, se procedió a la construcción de las categorías de análisis mediante un sistema de aproximaciones sucesivas. De este modo, cada codificador podía señalar la aparición de un nuevo criterio en la categoría "otros". Con esta técnica de análisis de contenido se configuró un sistema categorial mutuamente excluyente, fiable y válido. La consideración de un criterio no era excluyente, es decir, se tuvieron en cuenta todos aquellos en los que se basan los magistrados cuando motivan su decisión.

Una vez clasificadas las unidades en categorías, establecido un esquema de codificación y comprobado en una pequeña muestra, se procedió al análisis de la fiabilidad. Para este análisis se eligieron dos codificadores entrenados. Para ello, contaron con un manual de codificación en el que aparecían descritas y ejemplificadas cada categoría de análisis. Para la cuantificación de la fiabilidad se utiliza la razón de codificadores de acuerdo, entre el total de codificadores (Sánchez Carrión, 1985):

$$C.\ R. = 2M/(N1 + N2);\ C.\ R. = (2(87))/(93 + 93);\ C.\ R. = 93{,}54\%.$$

Se trata de un nivel de acuerdo alto, donde "M" corresponde al número de codificaciones en las que coinciden los dos codificadores, mientras que "N1" y "N2", representan el número de codificaciones efectuadas.

Una vez comprobada la fiabilidad del protocolo de recogida de datos para el análisis de contenido, se llevó a cabo un análisis estadístico mediante el análisis de las tablas de contingencia, seguido del análisis de regresión logística binaria. Este análisis estadístico permite determinar los factores que mayor valor predictivo tienen en la atribución de la custodia compartida. Se utilizó el test X^2 para el examen de la variable dependiente, tipo de custodia, con cada una de las variables independientes, relativas a los criterios de atribución tenidos en cuenta por los tribunales.

La fuerza de la asociación se evaluó con el cociente OR que representa la probabilidad de tener custodia compartida frente a no tenerla (categoría de referencia al tener valor 0). El tratamiento de los datos se realizó con el paquete informático SPSS 21.

Si bien esta investigación contribuye al conocimiento de los criterios de atribución de la custodia compartida por parte de los tribunales, presenta también algunas limitaciones metodológicas: en primer lugar, el tamaño de la muestra. Si bien se trata de una muestra amplia de casos, ya que se han estudiado todas las sentencias de los Juzgados de Familia de Alicante (España) durante los años 2012 y 2013, las resoluciones verdaderamente contenciosas se han reducido a 162. Se trata de una muestra, que aunque suficiente para el tipo de análisis estadístico expuesto, resulta escasa, más aún cuando se trata de las primeras resoluciones judiciales adoptadas por los juzgados tras los dos primeros años de aplicación de la ley.

Por otro lado, existe todavía una indefinición en el término a valorar y en las dimensiones que definen el término "custodia compartida" (De Verda y Beamonte, 2014; Ibáñez-Valverde, 2004; Viñas, 2012), que irán puliéndose a medida que pasen los años. Puede resultar interesante, en este sentido, ser ampliado el estudio una vez que la ley tenga un mayor rodaje en su aplicación práctica. Por ello, los resultados del análisis deben ser tomados como provisionales, ya que, además, se trata de un estudio centrado en los Juzgados de Familia de Alicante, siendo muchos más los juzgados que adoptan decisiones sobre divorcio en toda la Comunidad Valenciana (España). Asimismo, sería interesante ver ampliada la muestra a otros juzgados de este ámbito territorial, por lo que los datos, incluso cuando tengan una significación estadística, deben ser tomados con reservas, ya que no son extrapolables a toda la población.

4. RESULTADOS

El análisis de los resultados se ilustra a través de tablas con los datos estadísticos pertinentes en cada caso.

La tabla 2 muestra la frecuencia y porcentaje de las resoluciones judiciales en casos de custodia disputada en los que ha sido necesario el pronunciamiento judicial expreso. Los porcentajes reflejan una mayoría de decisiones a favor de una custodia única 74,1% frente a un 25,9% de casos favorables a un régimen de custodia compartida. También se advierten diferencias significativas en ambos juzgados, ya que aparecen mayores porcentajes de custodias compartidas en el Juzgado Nº 10 que acumula un 37,1 % frente al 17, 4% del Juzgado Nº 8.

Tabla 2. Tipo de custodia en casos de custodia disputada.

			TIPO DE CUSTODIA		Total
			C. ÚNICA	C.COMPARTIDA	
JUZGADO	JUZGADO8	Recuento	76	16	92
		% dentro de JUZGADO	82,6%	17,4%	100,0%
	JUZGADO 10	Recuento	44	26	70
		% dentro de JUZGADO	62,9%	37,1%	100,0%
Total		Recuento	120	42	162
		% dentro de JUZGADO	74,1%	25,9%	100,0%

Fuente: Alcázar, R. y Ruiz-Callado, R. Elaboración propia

La tabla 3 muestra el test X^2 de asociación entre las variables independientes (factores) y la variable dependiente tipo de custodia. Todas las variables son dicotómicas. En la variable dependiente tipo de custodia, la categoría custodia compartida fue codificada con valor "1". Las categorías custodia paterna y custodia materna se colapsaron en una única categoría denominada custodia única, que fue codificada con valor "0". Las variables independientes fueron codificadas con el valor "0" cuando su valor no está presente en la sentencia y con valor "1" cuando ha sido empleado en la resolución judicial como criterio dirimente hacia un modelo de custodia.

Se observa, además, que los factores que mayor presencia tienen en los Juzgados de Familia en Alicante respecto a la atribución de un modelo de custodia única o compartida son: disponibilidad de tiempo (46,3%), preferencias de los menores (37,7%), cuidador primario (35,8%) y edad de los menores (menor de tres años) (30,2%).

Con ello en consideración, se pretende conocer si la presencia del factor aumenta o disminuye la probabilidad de atribución de la custodia compartida. La columna OR de la tabla 3 muestra la fuerza de la asociación; es decir, representa la probabilidad de que la custodia compartida se vea aumentada o disminuida por la presencia de este factor. La columna del intervalo de confianza se muestra para saber si es significativo el OR. Si el intervalo contiene a la unidad, OR no es significativo. Si el OR se encuentra por encima de la unidad, la presencia del factor aumenta la probabilidad de que sea clasificado en el grupo de custodia compartida. Por el contrario, si el OR está por debajo de la unidad, su presencia aumenta la probabilidad de ser clasificado en el grupo de custodia única.

Se puede observar que en la mayoría de los casos el valor OR es mayor de la unidad y, en consecuencia, la presencia del factor aumenta la probabilidad de que sea atribuido un modelo de custodia compartida, pero se parte de una probabilidad alta de tener custodia única, como se advierte en Tabla 2. El factor *disponibilidad de tiempo*, además de ser una variable empleada con frecuencia por los tribunales, incrementa por tres la probabilidad de que se otorgue un régimen de custodia compartida. (OR = 3,2). El valor X^2 da cuenta de la significación estadística entre las variables presencia del factor y custodia compartida.

Medios materiales suficientes, proximidad del domicilio y disponibilidad de tiempo son los factores que aparecen más vinculados a este régimen de custodia compartida. Tan sólo las variables: *nivel de conflicto familiar, cambio de circunstancias familiares y estabilidad económica*, muestran un OR por debajo de la unidad, lo que debe interpretarse como que su presencia disminuye la probabilidad de atribución de la custodia compartida. Cabe precisar que el factor *cambio de circunstancias* familiares no es un criterio que haya aparecido en la literatura científica consultada, sino que se trata más bien de un criterio jurídico, ya que un importante número de casos solicitantes de custodia compartida son casos que ya están divorciados y que solicitan una modificación de las medidas judiciales que en su momento se acordaron. En estos casos es requisito fundamental la acreditación de un cambio en las circunstancias familiares.

Tabla 3. Factores predictores de la custodia compartida.

Nº	FACTORES	PRESENCIA	TEST X^2	GL	NS	ODDS	IC	
(1)	(2)	(3)	(4)	(5)	(6)	(7)	(8)	
1	Acceso al otro progenitor	24,1	5,8	1	,016	2,54	1,1	5,5
2	Continuidad de la vida familiar	10,5	2,2	1	,139	2,16	,7	6,1
3	Nivel de conflicto	17,3	9,0	1	,003	,082	,01	,63
4	Implicación en la crianza de los progenitores	35,8	3,12	1	,074	1,91	,93	3,9
5	Proximidad de los domicilios	15,4	10,15	1	,001	3,96	1,6	9,6
6	Medios materiales suficientes	8	9,01	1	,003	5,31	1,6	17,3
7	Edad de los menores	30,2	,20	1	,657	1,19	,56	2,5
8	Voluntad de los menores	37,7	,54	1	,462	1,31	,64	2,7
9	Cuidador primario	17,3	3,96	1	,005	2,3	1	5,3
10	Disponibilidad de tiempo	46,3	8,91	1	,003	3,02	1,4	6,3
12	Estabilidad económica familiar	7,4	,10	1	,91	,932	,24	3,6
13	Cambio de circunstancias familiares	17,3	9,017	1	,003	,082	,01	,63
14	Característica especial del menor	,6	-	-	-	-	-	-
15	Tribunal de Familia	100	7,6	1	,006	2,7	1,3	5,6

Fuente: Alcázar, R. y Ruiz-Callado, R. Elaboración propia

Llama la atención el hecho de que no sean los factores que aparecen con más frecuencia los que discriminan entre un modelo de custodia u otro. Así, por ejemplo, el factor *proximidad del domicilio* no es un factor frecuentemente empleado (tan sólo aparece en un 15,4% de los casos); sin embargo, cuando aparece, casi cuadriplica la probabilidad de asumir la custodia compartida (OR = 3,9). Algo similar ocurre con el factor *medios materiales suficientes* que no es frecuente, pero cuando aparece aumenta cinco veces la probabilidad de asumir un régimen de custodia compartida.

Aunque ambos Juzgados comparten el grado de importancia que otorgan estos factores, existen algunas diferencias respecto al modo cómo son considerados por cada juzgado. Así, se puede observar que la probabilidad de que sea atribuido un régimen de custodia compartida es 2,7 veces mayor en el Juzgado Nº10 que en el Juzgado Nº 8. La relación entre tipo de custodia y tribunal es estadísticamente significativa. X2 (1, N = 162) = 7,6, p = .006.

5. DISCUSIÓN

La presente investigación parte de la observación de un hecho real: las resoluciones judiciales a favor de un modelo de custodia compartida han aumentado en los últimos años (Becerril, 2013). Sin embargo, estos porcentajes están por debajo de las expectativas que se esperaban por una legislación que, como la valenciana, considera esta opción como sistema de custodia preferente frente a la custodia única.

La hipótesis de trabajo que se planteaba para la explicación de esta falla entre el ideal de sociedad deseable (mayoría de custodias compartidas frente a custodias exclusivas) y la realidad concreta (mayoría de custodias exclusivas a favor de la madre), se fundamenta en el hecho de que los factores que definen el término "custodia compartida" resultan difíciles de cumplir por las familias que son examinadas por el tribunal.

En la muestra estudiada les fue atribuida la custodia compartida a un 30% de los casos. Respecto a los factores que con mayor frecuencia aparecen en las sentencias judiciales favorables o no a la custodia compartida son: *disponibilidad horaria, preferencias de los menores, cuidador primario y existencia de diálogo entre los progenitores.* Los factores que, en mayor medida, aumentan la probabilidad de tener una custodia compartida son el hecho de tener *medios suficientes, proximidad de los domicilios y disponibilidad horaria.* Estos son los factores que están condicionando el acceso de las familias a un modelo de custodia compartida. En general, se parte de un modelo de custodia única y la presencia de factores aumenta la probabilidad de acceder a un sistema de custodia compartida, salvo en el caso de que exista alto nivel de conflicto y no se acredite cambio de circunstancias, factores cuya presencia disminuyen notablemente la probabilidad de acceso al sistema de custodia compartida. También se observan diferencias entre los juzgados a la hora de tomar decisiones en casos de custodia compartida disputada. Probablemente estas diferencias se deban a las dificultades en la definición del propio concepto de custodia compartida aplicado a cada familia. El término "custodia compartida" aparece muy ideologizado (Cea D´Ancona, 2007) y la legislación es de aplicación muy reciente.

Si comparamos los datos con otros estudios sobre la evaluación de la custodia, observamos un cambio cualitativo importante que ya ha sido advertido (Novo, Quinterio y Vázquez, 2013). Se trata de un cambio de tendencia en lo referente a la asignación de la custodia. Por una parte, el modelo preponderante de custodia única a favor de la madre, aun siendo mayoritario, ha dejado de ser hegemónico en contraste con otros estudios (Catalán, 2011; Becerril, 2013). El modelo de custodia único a favor de la madre se sostenía en la idea de que la mujer está mejor capacitada que el padre para la crianza y cuidado de los hijos, y reflejaba un modelo de sociedad patriarcal (Guilarte, 2010).

6. CONCLUSIONES

Los resultados de este estudio resultan útiles dentro y fuera de la comunidad científica. Para la comunidad científica porque el análisis de los criterios de atribución de la custodia en los tribunales refleja un sistema de valores en relación con la familia en un momento concreto. Por otro lado, los criterios que los tribunales están utilizando en sus decisiones sobre atribución de la custodia, tanto única como compartida, se sostienen en criterios cada vez más claros y más igualitarios: participación en la crianza y educación; disponibilidad de tiempo, etc. Se trata de criterios que son reflejo de un nuevo modelo de sociedad y un nuevo modelo de familia (Castells, 2003).

Los resultados continúan una línea de investigación ya abierta en anteriores trabajos. Arce, Fariña y Seijo (2005) realizó un estudio sobre los razonamientos judiciales en procesos de separación a partir del estudio empírico de 1.000 sentencias civiles datadas entre 1993 y 1999. Posteriormente, Novo, Quinterio y Vázquez (2013) continuó la misma metodología de investigación aplicada a una muestra de 468 sentencias. Los resultados mostraron que todas las sentencias fueron motivadas y los criterios para la atribución de la custodia paterna o materna fueron ser cuidador habitual, disponibilidad horaria y circunstancias negativas en la vida del menor. La presente investigación parte de una metodología similar, pero se centra en la idoneidad de la custodia compartida y no de la custodia única. Es necesario precisar que en las comunidades autónomas en España con legislación propia y, de modo especial en las que el sistema de custodia compartida es la opción preferente, son dos y no una las preguntas a las que los evaluadores de la custodia tienen que contestar: se responde primero a la viabilidad del modelo custodia compartida, y en su defecto, la alternativa de custodia única más adecuada. En este sentido, los estudios resultan diferentes, pero complementarios.

Los factores que resultan relevantes para los tribunales en la evaluación de la custodia compartida disputada señalan prioridades para investigaciones futuras, pero lo son también aquellos factores que aparecen en la legislación o en la literatura científica y no son tenidos en cuenta por el tribunal. Algunos de estos factores resultan imprecisos (De Verda y Beamonte, 2014) y su indefinición no ayuda a que sean tenidos en cuenta por el tribunal, aunque sí por el técnico encargado de su estudio. Por ejemplo, factores como arraigo familiar, escolar, social, aparecen en la legislación como variables a evaluar pero no son considerados en la resolución judicial. La indefinición del término custodia compartida y de los factores que la definen, así como la ausencia de herramientas para su objetivación, dificulta que sean reconocidas por el tribunal. En este sentido, tal y como subrayan Zamanillo (2009) y Gaitán (2009), se hace necesario abrir nuevas líneas de investigación para construir herramientas que ayuden al profesional a observar la realidad con suficientes garantías científicas.

La utilidad de la investigación también se puede encontrar fuera de la comunidad científica. Puede ser útil para las familias que pretendan iniciar un proceso de divorcio en Alicante, ya que pueden estimar la probabilidad de que les sea atribuida no un modelo de custodia compartida en función del modo como se apliquen los factores a su familia en particular. Es útil para los propios profesionales involucrados en la formación de la voluntad del tribunal: jueces, fiscales, abogados y procuradores, porque pueden tener más datos para conocer la realidad de la práctica judicial de la legislación. También resulta útil de un modo especial para los técnicos encargados de la evaluación de la custodia en sus informes periciales: psicólogos y trabajadores sociales, porque muestra aquellos factores que son relevantes para el tribunal y pueden orientar futuras investigaciones. Es importante para la disciplina del trabajo social forense, porque muchas de las variables relevantes para el tribunal tienen un contenido social y ayuda a definir su rol profesional diferenciado y complementario con el de otros profesionales. También lo es para la disciplina de la sociología, cuya mayor fortaleza se encuentra en el hecho de que proporciona un excelente marco teórico interpretativo del cambio social al que asistimos y ofrece respuestas a los problemas y paradojas que se plantean en el estudio del fenómeno del divorcio, pero cuya debilidad se encuentra en una presencia escasa en el ámbito judicial. La sociología empírica proporciona técnicas de investigación social aplicadas que pueden ayudar a los profesionales a mejorar su práctica cotidiana construyendo mejoras en las herramientas con las que observan la realidad.

7. BIBLIOGRAFÍA

Ackerman, Marc J. y Brey, Tracy (2011) Child custody evaluation practices: A 20-year follow-up. *Family Court Review* vol. 49, nº 3, pp. 618-628.

Ackerman, Mark J. y Ackerman, Melissa C. (1997) Custody evaluation practices: A survey of experienced professionals, *Professional Psychology: Research and Practice*, nº 28. Vol. 2, pp. 137-145.

Arce, Ramón, Fariña, Francisca y Seijo, Dolores (2005) Razonamientos judiciales en procesos de separación, *Psicothema*, vol. 17, nº 1, pp. 57-63.

Arch Marín, Mila (2008) *La intervención de los psicólogos forenses en las evaluaciones periciales de guarda y custodia de los niños*. Tesis doctoral. Barcelona, Universidad de Barcelona.

Bauman, Zygmunt (2004) *Modernidad líquida*, Buenos Aires, Fondo de Cultura Económica.

Bauserman, Robert (2002) Child adjustment in joint-custody versus sole-custody arrangements: a meta-analytic review, *Journal of Family Psychology*, vol. 1, nº 1, pp. 91-102.

Becerril Ruiz, Diego (2013) Las custodias en los procesos de ruptura matrimonial en España. Ponencia presentada en el XI Congreso Español de Sociología "Crisis y Cambio. Propuestas desde la Sociología", julio 10-12, en Madrid, España.

Beck, Ulrich y Beck-Gernsheim, Elisabeth (2003) *La individualización: el individualismo institucionalizado y sus consecuencias sociales y políticas*, Barcelona, Paidós.

Beck, Ulrich, Guiddens, Anthony Lash, Scott (1997) *Modernización reflexiva: política, tradición y estética en el orden social moderno*, Madrid, Alianza.

Carrasco Alascio, Laura (2011) La excepcionalidad de la custodia compartida impuesta (art. 92. 8 CC): A propósito de la Sentencia del Tribunal Supremo de 1 de octubre de 2010, *Indret: Revista para el Análisis del Derecho*, vol. 2, nº 2, pp. 1-25.

Castells, Manuel (2003) *El poder de la identidad*, Madrid, Alianza.

Catalán, Mª José (2011) *La custodia compartida. http://repositorio.cucam.edu* [Consultado el 17 de abril de 2015].

Cea D´Ancona, Mª Ángeles (1998) *Metodología cuantitativa. Estrategias y técnicas de investigación socia*l, Madrid, Síntesis.

Cea D´Ancona, Mª Ángeles (2007) *La deriva del cambio familiar: hacia formas de convivencia más abiertas y democráticas*, Madrid, Centro de Investigaciones Sociológicas.

Conde Pumpido, José Luis (2011) Ley Valenciana de Custodia Compartida, *Revista de Treball, Econonomia i Societat*, vol. 62, pp. 1-30.

De Verda y Beamonte, José Ramón (2014) Menores de edad, alimentos, régimen de convivencia y atribución del uso de la vivienda familiar: un estudio jurisprudencial de la legislación valenciana sobre la materia, *Diario La Ley*, nº 8299, pp. 1-22 España.

Gaitán, Lourdes (2009) El sentido del trabajo social: Constantes y variables de una profesión siempre construyéndose. Ponencia presentada en el XI Congreso Estatal de Trabajo Social, mayo 6-8, en Zaragoza, España.

Gardner, Richard A. (1982) Joint Custody is not for everyone. Here´s how to spot whether it will work for your client, *Family Advocate*, vol. 5, nº 2, p. 7.

Granados, Francisco (1991) *Ética y técnica de la intervención psicológica en los juzgados de familia*. Tesis Doctoral. Madrid, Universidad Complutense.

Grisso, Thomas (1990) Evolving guidelines for divorce/custody evaluations Family, *Court Review*, vol. 28, nº 1, pp. 35-41.

Guilarte, Cristina (2010) Criterios de atribución de la custodia compartida. A propósito de la línea jurisprudencial iniciada con la STS de 8 de octubre de 2009, *Indret: Revista para el Análisis del Derecho*, vol. 3, nº 2, pp. 1-21.

Ibáñez-Valverde, Vicente (2004) El laberinto de la custodia compartida. Claroscuros de un solo nombre con varios significados (I y II), *"DF" Boletín de Derecho Familia, El Derecho (Editores), año 4, nº 40 y 41, noviembre y diciembre de 2004*, pp.1-15, en *www.psicojurix.com/pdf/ellaberinto.CC.pdf.* [Consultado el 17 de abril de 2015].

Instituto Nacional de Estadística (2011-2013) Estadística de Nulidades, Separaciones y Divorcios Cifras INE.

Jurado, Teresa (2005) Las nuevas familias españolas, en González Juan Jesús y Requena Miguel (eds), *Tres décadas de cambio social en España*, Madrid, Alianza, pp. 259-292.

Justicia, Mª Dolores (2013) Tipos de custodia, régimen de visitas e intervención, en Cantón Duarte, José, Cortés Arboleda, Mª del Rosario, Cantón Cortés, David y Justicia Díaz, Mª Dolores (eds), *Violencia doméstica, divorcio y adaptación psicológica. De la dinámica familiar al desarrollo de los hijos*, Madrid, Pirámide, pp. 202-235.

Ley 5/2011, de 1 de abril, de la Generalitat Valenciana de Relaciones Familiares de los hijos e hijas cuyos progenitores no conviven. *Diari Oficial de la Comunitat Valenciana*, Nº 6495 de 05. 04. 2011.

Martín Corral, Serafín (1993) Psicología forense en los juzgados de familia, en Urra, Javier y Vázquez, Blanca (comps.*), Manual de Psicología Forense.* Madrid, Siglo XXI, pp. 85-119.

Meil Landwerlin, Gerardo (2006) *Padres e hijos en la España actual*, Barcelona, Fundación "La Caixa".

Novo, Mercedes, Quinteiro, Irene y Vázquez, Mª José (2013) ¿Cómo motivan los jueces la capacidad de los progenitores en las resoluciones judiciales? *Anuario de Psicología Jurídica,* vol. 23, nº 1, pp. 47-51.

Ramírez González, Marta (2003) *Cuando los padres se separan: alternativas de custodia para los hijos*: [guía práctica], Madrid, Biblioteca Nueva.

Ruiz Rodríguez, Pilar (2013) *El trabajador social forense en los tribunales españoles*, Málaga, CODTS. Colegio Oficial de Trabajadores Sociales.

Sánchez Carrión, Juan Javier (1985) Técnicas de análisis de los textos mediante codificación manual, *Revista Internacional de Sociología*, vol. 43, nº 1. pp. 89-118.

Simón Gil, Marta (2009) Aportaciones del trabajo social a la pericial de familia, *Cuadernos de derecho judicial*, nº 2, pp. 175-210.

Vázquez Mezquita, Blanca (2005) *Manual de psicología forense*, Madrid, Síntesis.

Viñas, Dolors (2012) Medidas relativas a los hijos menores en caso de ruptura: Especial referencia a la guarda, *Indret: Revista para el Análisis del Derecho*, nº 3, pp. 9-55.

Zamanillo, Teresa (2009) "Invitación a un trabajo social reflexivo". Ponencia presentada en XI Congreso Estatal de Trabajo Social, mayo 6-8, en Zaragoza, España.

CAPÍTULO 6
EJERCICIO DE CORRESPONSABILIDAD PARENTAL, MEJOR OPCIÓN QUE CUSTODIA COMPARTIDA

Manuel Olivares

molivaresh@me.com

Abogado

Los datos de 2014, nos dicen que se otorgan un 21% de custodias compartidas. Del 79% restante, su amplia mayoría son monoparentales maternas, por ello el enfoque se realizará desde esta perspectiva.

¿Me puede usted decir que entiende por custodia compartida? Esta es la primera pregunta que formulo en un proceso contencioso de familia a la parte contraria. La respuesta en raras ocasiones es acertada. La duda, el titubeo, el gesto de sorpresa, la mirada cómplice al compañero letrado, suele ser el denominador común ante la pregunta formulada. En la inmesa mayoría de los casos, este modelo de guarda y custodia compartida suele ser negada y descartada como si se hubiese planteado o preguntado sobre un sistema de reparto de atenciones y cuidado de los hijos negativo o disparatado, una pregunta que casi se recibe como ofensa. La justificación para negar la misma, pone de manifiesto el desconocimiento real de lo que realmente implica o supone el otorgamiento de una custodia compartida. Las respuestas suelen coincidir con bastante generalidad y todas con el denominador común de no poder definirla con claridad, de dudar sobre lo que implica la obtención de la misma y sobre todo de entenderla como algo que lejos de favorecer, perjudica los intereses del menor. Las argumentaciones carentes de fundamento que más se suelen escuchar son tales como: "*yo he sido siempre quien ha cuidado y atendido a mis hijos con todo el cariño mientras el padre trabajaba y nadie mejor que yo los conoce, además una madre es una madre y son mis hijos, no pueden estar la mitad del tiempo con su padre, el puede venir a verlos siempre que quiera...*", "*no, no sé lo que es pero si sé que con quien van a estar mejor mis hijos y desde luego no van a estar mejor con su padre*", "no pienso darle la custodia de mis hijos a su padre". Sin duda que las respuestas distan mucho de ser adecuadas, acertadas o con contenido argumentativo claro o fundamentado, siendo más cercanas a unas respuestas llenas de ira, venganza e incluso miedo, como si el modelo planteado fuera en contra del interés de sus hijos y se les arrebatara algo que les pertenece y que sobre, tienen el derecho a decidir. Y es que, la custodia compartida es un término que ha quedado obsoleto y que terminológicamente conlleva a error.

Si planteamos la misma pregunta a muchos profesionales del derecho, en las respuestas encontramos mayoritariamente erróneas definiciones como; "*que cada parte dispone del 50% del tiempo con sus hijos, el padre y la madres se reparten el cuidado y atención por mitad cada uno*", "*no cabe pensión de alimentos porque ambos comparten la guarda y custodia de sus hijos*", "*la vivienda habitual ya no se otorga a nadie, pues ambos ostentan la guarda y custodia*" etcétera.

Queda claro que la confusión que produce el término de guarda y custodia compartida en muchas ocasiones supone más un problema que una ventaja y el planteamiento en sí mismo plantea un rechazo generalizado de entrada sin ni siquiera entrar a debatir sobre la forma de la misma.

Que la custodia compartida deber contemplarse como la mejor opción y la más deseable en las relaciones familiares que han finalizado en una separación de sus progenitores y en la que existen menores, son términos empleados en diferentes Sentencias del Tribunal Supremo y en concreto por el Magistrado Don José Antonio Seijas Quintana. La custodia compartida de los hijos es la opción que mejor responde a las obligaciones que tienen los padres hacia sus hijos y que redunda en el beneficio de todos, padres e hijos y por tanto debería ser la forma más comúnmente tomada en las sentencias dictadas por nuestros juzgados cada día, sin embargo, nos encontramos actualmente ante un modelo que viene siendo rechazado tanto social como judicialmente y que lo han llevado a convertirse en un modelo minoritario. La falta de aplicación de este modelo de guarda y custodia, viene dado en parte por una equivocada interpretación del término "excepcional" que aparece recogido en nuestro código civil. El mismo venía siendo interpretado por diferentes juzgados como un modelo que requería de un acuerdo de ambos progenitores para otorgarse (algo que padecía de cierta ilógica, pues de existir un acuerdo no se acudiría al auxilio judicial para obtener una sentencia otorgando una custodia compartida, ya que directamente se hubiese acordado entre los padres mediante convenio de mutuo acuerdo sin necesidad de acudir a un juzgado), y en caso de que este no se produjese, excepcionalmente se podría otorgar por el juez competente una guarda y custodia compartida. Es a raíz de sentencias dictadas por el Tribunal Supremo, cuando se aclara que la excepcionalidad debe interpretarse como el hecho de que las partes no se pongan de acuerdo sobre la guarda y custodia de sus hijos de manera amistosa y por tanto se acuda a un proceso contencioso, es decir, la excepcionalidad radica en que ambos padres no se pongan de acuerdo en tomar una decisión sobre lo mejor para sus hijos.

La guarda y custodia compartida es considerada para un gran número de personas, como un modelo, que lejos de proporcionar y garantizar los derechos de un menor, supone una perdida de derechos por parte de uno de sus progenitores en beneficio del otro, entendiendo que elimina ciertas garantias que se consideran propias de uno de los padres (pensión, vivienda, tiempos). Esto provoca un gran problema a aquellos abogados que al sentarnos en la sala ante un proceso de separación y que luchamos por lograr que el interés superior de menor quede garantizado, se lleve a cabo. Mientras entendemos que se dan todos los condicionantes para que una custodia monoparental no sea tomada como la mejor opción ya que la misma supone un perjuicio para la vida de los menores, parece que es un sistema que a priori, en nada perjudica al menor y por tanto debamos justificar su no aplicación. Somos conscientes que será muy difícil obtener la misma, salvo en casos muy claros y donde se consigue más por desméritos de la parte contraria, que por entender que ambos están perfectamente cualificados para proteger los intereses de sus hijos anteponiéndolos a los suyos propios, algo que raramente ocurre por diferentes motivos. Debemos ser conscientes que el proceso de separación se produce en un momento donde la tensión entre las partes es alta y donde el sentido común y perspectiva de futuro no es algo que los padres se estén planteando ni valorando.

Y es que el término de custodia compartida no está definido con claridad y el mismo, conlleva a una serie de errores que provoca una mala interpretación no sólo por los padres y familiares, sino también por jueces y fiscales. Es muy común por desgracia, encontrarnos con sentencias donde el interés superior del menor no ha sido contemplado y sí, confundido con el interés superior de uno de sus progenitores. Sorprende como la mayoría de las argumentaciones judiciales que no aconsejan y por tanto impiden su otorgamiento, son en referencia a la falta de tiempo del padre con sus hijos, su escasa participación en el pasado hasta el momento de la separación con sus hijos, falta de preparación y dudas sobre su capacidad etc., y sin embargo nadie cuestione que ese mismo padre y esos mismos hijos, si disfrutarán de una custodia compartida durante los meses de junio, julio, agosto, septiembre y diciembre, donde las custodias compartidas son establecidas en un 99%.

Siempre he defendido la idoneidad de partir de una custodia compartida en cada proceso contencioso de familia. Este debería ser el punto de inicio al comenzar cualquier juicio y ser los argumentos, pruebas y hechos aportados durante la vista, lo que determine o demostrase que este sistema es el menos idóneo para su aplicación y por tanto, se deba de optar por uno que aún no siendo el deseado, en temas concretos, garantizase mejor el interés superior del menor, pues no olvidemos que es el objetivo real y el derecho que debemos proteger. Sin embargo, nos encontramos que en la mayoría de los casos partimos de un modelo monoparental sobre el que tendremos que trabajar para hacer ver que no es el modelo más adecuado y que debe ser una guarda y custodia compartida el modelo que mejor garantice el interés superior del menor. Sin duda se trata de una tarea complicada y que requiere de cierta estrategia para lograr que consigamos una resolución adecuada. Cuando ambos, tanto la madre como el padre están perfectamente cualificados y disponen de tiempo para atender la demandas de sus hijos, no hay necesidad de elegir entre uno u otro, ni de establecer quien lo hace mejor, sino que ambos pueden y deben ejercer una labor de guarda y custodia conjunta contribuyendo a la educación de sus hijos, pues sin duda alguna que lo harán mejor juntos y unidos que divididos. Somos conscientes que tendremos que argumentar, defender y demostrar que la guarda y custodia monoparental no es el modelo que más beneficia al menor, sin caer en el error de un enfrentamiento del uno contra el otro. Tampoco debemos hacer ver que un progenitor está perfectamente preparado y reúne los requisitos de "padre perfecto" (pues seguramente no será así), sino que debemos de abordar el juicio con una visión de necesidad y ayuda mutua entre los padres, donde ambos aportarán y se complementarán el uno al otro, siendo conscientes de que por separado no lograrían una atención igual, pues los hijos requieren de los cuidados de cada uno de sus padres. No hay que elegir entre quien lo hace mejor, sino que ambos pueden y deben hacerse cargo de los quehaceres diarios de los pequeños y complementarse en la educación de sus hijos, aportándoles esa estabilidad para lograr un desarrollo correcto, siendo la custodia compartida el modelo que mayores garantías ofrece a nuestros hijos, aunque no lo sea para sus padres.

Lamentablemente es la pensión de alimentos y el otorgamiento del uso de la vivienda habitual, los temas que ocupan mayor parte de tiempo de un procedimiento y sobre los que se centran los mayores esfuerzos de los profesionales del derecho. Debería ser el interés superior del menor el que primara y marcara una prioridad sobre el resto de derechos y obligaciones y sin embargo, en raras ocasiones se analiza desde este interés, quizás porque los menores no pagan por su defensa, ni pueden manifestar su postura, sin embargo es su interés el que debemos defender y garantizar así como su estabilidad por todos los actores implícitos en su defensa, que no somos otros que sus padres como primeros garantes, abogados, fiscales y jueces.

Una correcta pensión de ser necesaria y un acertado uso y disfrute de la vivienda para el menor o menores cuando corresponda, repercutirá directamente en la situación de sus progenitores, los cuales no deben verse en un plano de desigualdad por las medidas que se adopten o que el beneficio que se obtiene al lograr una custodia monoparental sea mayor que el del bienestar de su hijo, el cual debe ser no sólo económico sino también y mucho más importante, psicológico. Sin embargo, la realidad nos muestra como los intereses de los adultos son los que realmente se defienden en los procesos, olvidando el interés superior del menor por mucho que se recurra a el constantemente y que parece desaparecer durante el proceso, convirtiéndose en el recurso o justificación para lograr objetivos propios y partidistas que rara vez coinciden con los de los menores. Sin ningún tipo de duda, las verdaderas víctimas de un proceso judicial con un fallo erróneo, son los hijos, que además de ser inocentes en este proceso, se convierten en los verdaderamente perjudicados. El principal derecho de un hijo es su estabilidad emocional y la misma pasa por poder disfrutar de sus padres, a mantener una relación con sus abuelos, tíos, primos y familia cercana, lo que es denominado como familia extensa. Estos derechos quedan olvidados y la separación de la mitad de su familia se ha convertido en algo normal y aceptado socialmente. No olvidemos que detrás de cada uno de sus progenitores se encuentra una familia completa, que quedará en las custodias monoparentales apartadas del menor y por tanto vulnerando un derecho fundamental del mismo a poder relacionarse con toda su familia de manera equitativa. Las "visitas" a las que quedan reducidas la relaciones de los menores con su padre, son sin lugar a dudas, un término que refleja realmente lo que estas suponen. El padre queda relegado a un mero visitador de sus hijos, que lejos de poder implicarse en la educación de estos, pasa a ser, como muchos psicólogos denominan un "papá Disney", no ocupando un rol de autoridad frente a su hijo sino que procura darle los caprichos y deseos que este demanda, propiciado por el poco tiempo del que dispone con él, alejándose de la figura de padre educador que convive y contribuye de manera efectiva al desarrollo psicológico y emocional de su hijo.

Este modelo traerá en el futuro grandes problemas que acabará soportando en mayor grado la madre, (por los porcentajes de custodias monoparentales otorgadas) y que a día de hoy, ya se están dando. Al crecer el menor en un modelo familiar desestructurado, donde la carencia de uno de los pilares fundamentales como es la disciplina y la afectividad paterna, hará que surjan niños con graves problemas sociales y de comportamiento. El uso por parte de los hijos del chantaje a sus propios padres, enfrentándolos y comparándolos, será una de las principales armas que se pondrá disposición de unos niños que por lograr ver hechos realidad sus deseos, no dudarán en usar para conseguir todo aquello que anhelan, como la play station, el teléfono más avanzado o una paga extra con la que salir por la noche. Pero a largo plazo podemos encontrarnos con casos más graves, con inicios de violencia del menor hacia su madre a quien culpará de su situación, de su mal estar, de sus fracasos y de no haber sabido mantener una familia unida.

La estabilidad psicológica de un menor no se logra evitando cambios materiales en sus vidas, sino favoreciendo una estabilidad emocional que se consigue manteniendo un continuo contacto de afectividad con ambos progenitores y que nace del respeto mutuo entre los mismos. El nuevo escenario al que se enfrentará el menor tras la separación de sus padres, supondrá necesariamente un empeoramiento del que venía disfrutando, sin ningún género de dudas, pero el mismo puede verse visto agravado si se produce una separación o distanciamiento con uno de sus padres, es entonces cuando el cambio de domicilio u otras excusas que se aportan en las vistas como argumento para otorgar una custodia monoparental, queda como un mal menor. Cuando se habla de niños maleta, siempre argumento que preferiría se un niño "maleta" y cambiar de una casa habitual a otra habitual, que tener una única casa estable si ello supone renunciar a convivir con mi padre o madre.

Otro de los grandes problemas que nos encontramos por interpretaciones erróneas vinculadas a lo anteriormente expuesto, es la confusión por profesionales de la diferencia entre patria potestad (que otorga derechos sobre la capacidad de decisión del menor) y la guarda y custodia de los menores, que simplemente supone la atención y cuidados diarios de nuestros hijos, no otorgando la obtención de una custodia monoparental ningún tipo de derecho sobre la capacidad de decisión del menor, salvo la de elegir que ropa se ponen, que cenan, cuando se deben lavar los dientes y a que hora deben irse a acostar. Vemos a diario en muchas separaciones, como jueces y fiscales confunden continua y gravemente los derechos que otorga la patria potestad y las obligaciones que se obtiene de una guarda y custodia monoparental. Uno de los ejemplos más comunes se produce cuando el progenitor opta por cambiar de vivienda con traslado de ciudad, entendiendo que tenía derecho para ello en base a ostentar la guarda y custodia del menor (e incluso sin sentencia que se la otorgase), siendo un grave error, pues se vulnera el derecho del menor a permanecer con su entorno familiar amplio, el cual le genera la estabilidad que debe buscarse, protegerse. Los derechos de los hijos son en este tipo de actuaciones gravemente vulnerados, pues no debemos olvidar que se trata de un derecho vinculado al menor y por tanto cualquier toma de decisión que le ataña debe ser consensuada y en caso de falta de acuerdo por sus padres, se deberá acudir a un juzgado quien dictaminará al respecto. El denominador común suele ser la búsqueda de empleo por parte del progenitor que separa a los hijos de parte de su familia sin consentimiento judicial, algo que muchos juzgados entienden como justificado, suponiendo un claro ejemplo de confusión entre estas dos figuras de patria potestad y guarda y custodia del menor.

Como hemos podido ver, nos encontramos ante un término que conlleva a error, que adolece de connotaciones negativas y por tanto que requiere de una necesaria adaptación a las realidades sociales que hoy día vivimos. La normativa actual no responde a una sociedad del siglo XXI y la misma está dando lugar a situaciones injustas y especialmente graves que ocasionan un gran perjuicio, no sólo al padre (en al mayoría de los casos) sino también y principalmente al menor que ve sus derechos vulnerados y a largo plazo a una madre que se ha visto con la enorme carga de educar y cuidar a un hijo en solitario. Se pone de manifiesto por tanto, la necesidad de que se produzcan cambios, no sólo en el ámbito legislativo de derecho de familia sino también en el social.

Es necesario recordar que venimos de una sociedad donde el rol de la mujer era el de quedar al cuidado de la casa y de los hijos mientras el hombre ejercía el de mantenimiento y sustento económico de la familia. Ello provocaba que el hombre no dispusiese de tiempo material para atender el cuidado de sus hijos y su máxima preocupación y ocupación fuese la de obtener suficientes recursos económicos con los que mantener y garantizar el bienestar social de los suyos, mientras la mujer era la que quedaba en casa como encargada de atender a la familia, cuidar a los hijos, así como mantenerla en estado óptimo y procurar que la llegada del marido a esta, fuese de absoluto descanso. Sin embargo, es durante la década de los años ochenta cuando las mujeres comienzan a romper este encasillamiento al asistir a la universidad de manera generalizada. Este hecho hace que las mujeres logren ir obteniendo una formación mayor y cada vez más mujeres se animan a ello, alcanzando una nueva perspectiva de lo que podían hacer en sus vidas, no siendo necesariamente las de procrear y atender a un marido. Esta ruptura con un rol arcaico que era defendido por mujeres y hombres enclaustrados en siglos pasados, era necesaria para lograr abrirse nuevos espacios y formas de vida que acercaban a las mujeres a una igualdad real y efectiva. Esta transformación se va logrando de manera paulatina y no sin un gran esfuerzo por parte de estas mujeres que tuvieron, no sólo una gran capacidad de sacrificio, sino que soportaron miradas de abuelas y abuelos hacia ellas de desprecio por saltarse las "normas" por las que se regía la sociedad en aquellos años. Este cambio, hace que por fin las mujeres consigan una mayor integración en un mundo dominado por el hombre, la igualdad frente a los hombres comienza a crecer. Acceder al mercado laboral hasta ese momento dominado casi en exclusividad por los hombres les proporciona una autonomía de la que antes no disponían. El mercado laboral comienza a modificarse y a adaptarse a estos cambios que llevan a cabo mujeres con sanas ambiciones. Ante tales cambios, las mujeres se ven obligadas a retrasar su primer embarazo cerca de diez años, pasan de ser madres a los veinte a serlo a los treinta. Ahora cuentan con una experiencia laboral y con un curriculum que les proporciona una independencia de la que antes no disponían, salvo en contadas ocasiones. Es sin duda un paso importante para lograr una igualdad entre ambos sexos, pues la mujer deja de ser una persona con una única función "de sus tareas" a ser mujeres con formación, logrando per se una autonomía frente al hombre. Este acontecimiento lleva paralelamente otro cambio de equilibrio de balanzas, los horarios laborales se modifican, las costumbres varían y el hombre comienza a hacerse cargo del reparto de tareas domésticas de las que antes no participaba y por supuesto, de una implicación mayor en atender y cuidar a sus hijos.

Es por ello que cuando hablamos de custodia compartida, lejos de entenderla como una medida "machista", debemos de verla como todo lo contrario. La atención y cuidados de los hijos es una tarea que requiere de mucho tiempo y dedicación prolongada durante años. Cargar sobre unos solos hombros esta "carga" se antoja volver a los roles "machistas" por lo que muchas generaciones pasaron y que debemos dejar atrás al ser altamente injusta. La custodia monoparental, lejos de ayudar a las madres y de favorecerlas, supone un sobrecoste por el que no deben verse obligadas nuevamente a pasar, pues la atención y cuidado de los hijos es una obligación y responsabilidad de ambos padres. En la actualidad, el hombre debe hacerse cargo de sus tareas domésticas y atención a sus hijos no sólo durante el matrimonio como vemos en multitud de campañas de sensibilización, sino que con mayor grado y exigencia en caso de separación. Es en este momento cuando la implicación del hombre deber ser incuestionable y socialmente exigible, pues no debemos volver a años pasados. La madres separadas tienen derecho a rehacer su vida, a lograr mejoras de su puesto de trabajo, a tener tiempo para sí mismas, a rehacer su vida, disfrutar, ocio y ello hace necesario que se contribuya a las atenciones diarias de guarda y custodia de los hijos,... y quien mejor que su padre, que además tiene la obligación de atender y cuidar a sus hijos.

Sin embargo, quedan diferentes hitos por superar que deben ser primordiales para alcanzar una igualdad real y superar la realidad en la que nos encontramos actualmente, aún anclados legislativamente en el pasado, a pesar de vivir en pleno siglo XXI. Las mujeres siguen siendo tratadas de manera desigual, no sólo en el ámbito familiar sino también en el laboral.

Actualmente el derecho laboral trata de manera desigual a hombres y mujeres, perjudicando a estas últimas. Cuentan con una deficiencia legal frente a los padres que las hace más vulnerables en el mercado laboral y que provoca que volvamos a roles propios de los años 70 los cuales debemos dejar atrás no únicamente en el calendario, debemos salir y para ello es necesaria una modificación en la legislación laboral, de lo contrario esta desigualdad seguirá existiendo. El empresario se encuentra ante una gran diferencia legislativa a la hora de realizar una contratación a una mujer con respecto a la de un hombre, provocando un perjuicio hacia esta última siendo claramente injusto y generando grandes desigualdades de uno frente al otro, en la que el empresario se ve abocado por subsistencia empresarial. Un empresario con uno, dos o tres empleados, que es la mayoría de nuestro tejido empresarial, se enfrenta a la hora de contratar a una mujer, con una cuestión que hace que la balanza pierda el punto de equilibrio y se incline hacia un lado por un marco normativo que perjudica claramente el acceso laboral a las mujeres. Cuando una mujer decide ser madre, supone una repercusión directa al empresario, pues ello le acarreará un coste importante no sólo económico sino también de gestión. Debemos ser pragmáticos y conocer que las bajas durante el embarazo son normales y habituales así como la necesidad por parte del empresario de sustituir ese puesto por otro, con el esfuerzo de gestión y tiempo que conlleva. Esta situación de pleno derecho pero de gran esfuerzo para el empresario no debe ser de responsabilidad propia sino que debemos culpar a la actual redacción de derecho laboral e instar a la necesidad de su modificación. Si analizamos desde una perspectiva únicamente laboral y económica, cuando el hombre anuncia que será padre, este parte con una enorme ventaja frente a la mujer, pues en caso de ser padre, dispondrá de una baja por paternidad de trece días (ampliables a un máximo de 20 días en casos excepcionales) sin embargo, nos encontramos que cuando una mujer anuncia que va a ser madre, la baja laboral por maternidad será de dieciséis semanas (ampliables en casos puntuales). Como podemos ver, la actual legislación hace que nuevamente coloquemos a la mujer en una situación de desigualdad y dificultemos aún más su acceso y continuidad en el mundo laboral, hecho que se debe subsanar de manera urgente para lograr la tan necesaria igualdad entre hombres y mujeres. Abordar una modificación en la legislación laboral que no "discrimine" a la mujer de esta forma, se hace necesaria. Una baja de paternidad y maternidad igualitaria, logrará que el empresario no encuentre diferencias ante la contratación de un hombre o una mujer a un mismo puesto de trabajo, y por tanto, no discrimine en favor del sexo, sino que la elección se dé por sus capacidades, cualidades y méritos.

Comprobamos que es necesario cambios en diferentes normas legislativas para lograr que el derecho de familia sea realmente igualitario, no dependiendo únicamente de su modificación en exclusiva, sino que requiere del cambio de otras normas que a primera vista nada tendrían que ver y que sin embargo, se hace estrictamente necesario para lograr el bienestar de nuestros hijos, pues ellos son nuestro futuro y a los que les debemos procurar una legislación acorde a los tiempos actuales. Paralelamente, debemos de esforzarnos por romper con los roles de décadas anteriores, de los que nada nos cuestionamos mientras existe una relación de convivencia en pareja, pero que cuando esta se ve rota, volvemos sin ningún tipo de pudor a ellos.

Si hacemos un pequeño esfuerzo en analizar otros países con mayor experiencia en separaciones y divorcios, observaremos como lejos de entender la guarda y custodia como una ventaja hacia quién la ostenta o un derecho, se trata de una carga y obligación castigando a quien huye de ella y premiando a quién procura el bienestar del menor de manera clara en pos de un desarrollo psicológico correcto. Nos encontramos con la imperiosa necesidad de que en nuestra sociedad se instaure la visión de que los mejores padres son aquellos que contribuyen y favorecen la relación de sus hijos con el otro a pesar de las diferencias que existan entre ellos, pues no podemos hacer de nuestras barreras las de nuestros hijos.

Es por todo lo descrito, que el término custodia compartida no parece el mejor para defender los derechos de nuestros hijos, por las diferentes connotaciones que ha ido adquiriendo durante todo este tiempo. El mismo viene cargado de connotaciones negativas y parece excesivamente rígido en sus medidas. Desde que ejerzo la labor de abogado de familia siempre he planteado la necesidad de modificar el código civil y en concreto, este término de custodia compartida por el de "corresponsabilidad parental".

Corresponsabilidad parental, sin apellidos, sin encasillamientos y con un claro objetivo de que el término no sea cuestionado. En el mismo, tendría cabida todos los modelos actuales, evitaría confusiones de toma de decisiones con respecto a la patria potestad y sería un modelo flexible en la aplicación de las medidas aparejadas. Los tiempos serían acordes a las capacidades temporales de los padres, (que debiera de ser la primera medida a analizar), pues de nada sirve pedir aquello que no se pueda cumplir. Los horarios laborales de los padres y un dossier parental sería el primer requisito antes de afrontar un proceso contencioso, en el se expondría como se llevar a cabo día a día esa atención y cuidado de los hijos. Así mismo no llevaría aparejado ningún derecho concreto respecto a pensiones o uso y disfrute de la vivienda habitual. Todo ello provocaría que fuese en el mismo juicio, donde se establecería que medidas adoptar ante una corresponsabilidad, analizando caso a caso. Se podría dar el supuesto de que aún correspondiéndole más período de tiempo de guarda y custodia a la madre, esta tuviese que abonar pensión de alimentos al padre por la diferencia salarial respecto al este, en el caso de que los ingresos del padre fuesen muy inferiores y no garantizasen una correcta alimentación. La vivienda habitual no tiene que ser obligatoriamente la que quede como uso y disfrute de quien ostente más tiempo los cuidados de los hijos, pues podría darse el caso nuevamente de que esta persona disponga de más bienes inmuebles o capacidad económica, en definitiva un traje a medida para cada familia.

Como vemos se trataría de una aplicación de medidas caso por caso y de manera más justa y equitativa, pues en muchas ocasiones los derechos adheridos a la custodia monoparental actual provoca que como se ha descrito durante estas líneas, se luche más por conseguir esos derechos adheridos que en lograr un interés superior del menor. Debemos evitar que se discuta más por el modelo que por las medidas a tomar.

Como experiencia profesional obtuve una sentencia con custodia monoparental materna, con "visitas" del padre de lunes a lunes donde la entrega y recogida se hacía en el colegio (petición que siempre hago pues evita que los padres se vean y además el menor pecibe que siempre es recogido y nunca "entregado"), la pensión de alimentos fue de cero euros y la vivienda, al ser privativa de la madre, el padre debía abandonarla. En toda regla, una custodia compartida que tanto la jueza como la madre se oponían a reconocer y que decidí dejarlo estar, pues la custodia no otorga más derechos sobre el menor y de facto es lo que realmente buscábamos, por tanto, felices. Fue en ese momento cuando más entendí y me esforcé por trasladar la necesidad de cambiar el término de custodia compartida.

Nuestros hijos se merecen todo nuestro esfuerzo, dedicación y comprensión es por ellos por los que debemos luchar. Sus victorias serán nuestras cesiones, sus alegrías las nuestras y sus tristezas nuestro fracaso como padres.

PARTE II

LA INTERVENCIÓN PSICO-SOCIAL EN PROCESOS DE CUSTODIA COMPARTIDA

CAPÍTULO 7
MEDIACIÓN FAMILIAR Y CUSTODIA COMPARTIDA: UNA MIRADA AL PRESENTE QUE POSIBILITA EL MAÑANA[25]

Antonio Lozano Martín
lozanoma@ugr.es
Mar Venegas
mariter@ugr.es
Universidad de Granada, España

1. INTRODUCCIÓN

Dando continuidad al análisis planteado en el capítulo de Venegas y Lozano (2016) sobre el cambio en los modelos de familia hasta llegar al divorcio, el presente capítulo trata sobre qué son y qué beneficios proporcionan los Procesos de Mediación Familiar en las rupturas de pareja y, más concretamente, en los procedimientos de "custodia compartida" cuando existen hijos menores.

Cuando una pareja se separa no solo afecta a los dos miembros de dicha pareja sino que los hijos son también parte afectada ya que el modelo de relación familiar a partir de ese momento se modifica o transforma en un nuevo modelo de convivencia entre las partes, en el que el bienestar de los hijos debería de ser objetivo prioritario.

Según el Instituto Nacional de Estadística, en el año 2014 se produjeron en España 100.746 divorcios, en el 73,1 % de los casos la custodia de los hijos recayó sobre la madre, en el 5,3 % sobre el padre y en el 21,2% fue compartida. En los Tribunales de Familia se le suele atribuir dicha custodia a la madre por defecto. Es por ello que se reclama por parte de los progenitores no custodios una ley de custodia compartida que dé igualdad de condiciones a los dos progenitores, ley que a nivel nacional no existe aún (sólo un anteproyecto de Ley), aunque sí se han promulga-

[25] Este capítulo es parte de una investigación más amplia sobre mediación.

do leyes que dan preferencia a la custodia compartida en distintas Comunidades Autónomas como son Aragón, Valencia, Cataluña, Navarra y el País Vasco.

En todas ellas se insta a los Padres/Madres a que establezcan una serie de acuerdos acerca de qué tareas va a llevar a cabo cada uno, así la reforma legal catalana habla de establecer, en los casos que no hay divorcio de mutuo acuerdo, un sistema que denomina "responsabilidad parental compartida". La normativa exige que los padres preparen un plan de parentalidad independientemente de si hay acuerdo entre las partes o no. Es un proyecto por escrito que se tiene que mostrar al juez en el que se explica cómo van a desempeñar sus responsabilidades, de qué forma se pondrán de acuerdo y tomarán decisiones en asunto relevantes y qué tareas podrá realizar cada uno.

El código civil establece el Plan de parentalidad (art. 233-9) "como un instrumento para ordenar las cuestiones principales que afectan a los hijos ante la separación de los progenitores". No obliga a un tipo de organización, sin embargo exhorta a los padres a determinar ellos mismos los detalles y la logística así como el cuidado de sus hijos. Es fundamental que todas las partes participen, es decir los abogados de los padres, psiquiatras y trabajadores sociales para centrar todos los asuntos antes de iniciar el procedimiento.

Es en este contexto en el que cobran especial relevancia los Procesos de Mediación Familiar, con el fin de establecer de forma pacífica y equilibrada aquellos acuerdos que beneficien la interacción padres e hijos.

Así pues, comenzaremos analizando en qué consisten los conflictos, cuál es su naturaleza y dinámica, para posteriormente exponer en qué consisten los procesos de mediación y qué ventajas aportan a las rupturas matrimoniales en general y, en el caso de que haya hijos menores, qué ventajas aportan en los casos de solicitud de custodia compartida por parte de alguno de los progenitores.

2. ¿Y AHORA QUÉ?: EL CONFLICTO EN EL ÁMBITO FAMILIAR

Hay momentos a lo largo de nuestra vida en que debemos enfrentarnos a la pregunta de ¿y ahora qué? Es una pregunta que, bajo su aparente simplicidad, suele llevar aparejada una fuerte carga emocional, ya que su respuesta implica necesariamente tener que tomar decisiones de forma consciente. Todos los días, y casi constantemente a lo largo del día, estamos tomando decisiones, sólo que lo hacemos de un modo inconsciente, mecánico. Decidimos la ropa que nos ponemos para ir a trabajar, la comida que comeremos, con quién nos relacionaremos ese día, quién lleva a los hijos a la escuela, quién los recoge, también tomamos decisiones en nuestro trabajo en función del puesto que desempeñemos, etc... Es lo que podríamos llamar las "rutinas de lo cotidiano". Las personas necesitamos de esas rutinas en nuestro día a día con el fin de facilitarnos desde un punto de vista psicológico, y también pragmático, las tareas diarias, de modo que podemos evitar el desgaste que tanto psicológica como emocionalmente nos supondría tener que estar planteándonos en cada momento qué hacer ante cada situación que se nos presentará.

Sin embargo, hay momentos puntuales a lo largo de nuestra vida ante situaciones concretas en los que nuestra acción queda paralizada, nos quedamos sin saber qué hacer ni cómo reaccionar sumidos en el desconcierto. Es en estos momentos en los que ineludiblemente debemos enfrentarnos a la pregunta ¿Y ahora qué? Esta pregunta nos saca de nuestras "rutinas", de nuestro "círculo de confort", donde todo está ordenado ocupando un lugar determinado, sintiéndonos seguros y dueños del control de la situación, para lanzarnos hacia adelante, a lo incierto, a lo desconocido, provocándonos sentimientos de angustia, miedo y desconcierto.

El sociólogo norteamericano Alvin Toffler acuña el término "shock del futuro" para referirse al desconcierto que el cambio social provoca en el individuo cuando se encuentra fuera de sus marcos culturales habituales y, sobre todo, cuando este cambio se produce de una forma acelerada, ya que se pierde la posibilidad, el consuelo psicológico, de poder volver a dichos marcos, por lo que los individuos se ven abocados a lidiar con la incertidumbre del futuro. Si trasladamos a la esfera íntima y cotidiana de las personas el concepto de Toffler podríamos observar cómo cuando nos encontramos en una situación de conflicto, éste provoca desconcierto en los individuos al encontrarse fuera de sus referencias habituales.

Cuando consultamos el Diccionario de la Real Academia Española, la definición que sobre conflicto nos ofrece es la siguiente en sus distintas acepciones:

1. m. Combate, lucha, pelea. U. t. en sent. Fig.
2. m. Enfrentamiento armado.
3. m. Apuro, situación desgraciada y de difícil salida.
4. m. Problema, cuestión, materia de discusión.
5. m. Psicol. Coexistencia de tendencias contradictorias en el individuo, capaces de generar angustia y trastornos neuróticos.
6. m. desús. Momento en que la batalla es más dura y violenta.

Podemos apreciar cómo en casi todas las acepciones que el diccionario nos da existen connotaciones de carácter negativo. De igual modo, si nos dirigiéramos a un grupo de personas y les preguntáramos qué emociones o sensaciones les causa la palabra conflicto, con total seguridad la mayoría de ellas nos proporcionaría sensaciones, emociones y palabras de marcado carácter negativo (y, en el mejor de los casos, neutro), entre las que encontraríamos ira, miedo, frustración, enfado, indignación, desgracia, etc. "Esto puede indicar que la mayoría de nosotros nos acercamos al conflicto con una actitud negativa u opiniones que nos dicen que el conflicto es malo y que causa dolor, estrés, temor y relaciones amargas" (Alzate, 2007: 38). Este tipo de actitudes negativas suelen venir determinadas por las experiencias personales del pasado cuando nos hemos tenido que manejar en situaciones conflictivas, y por el propio contexto social donde tanto en la familia como en la escuela, o a través de la prensa o la televisión, hemos ido recibiendo percepciones negativas sobre el conflicto, que poco a poco han ido forjando dichas actitudes y creencias en torno al mismo, y de ahí que nuestras respuestas sean ésas y no otras.

En el caso del conflicto dentro del ámbito familiar, aunque se comporta del mismo modo que en el resto de los ámbitos, podríamos decir, tal como afirma Alzate (2008), que tiene como característica esencial que es el más personal de todos los conflictos ya que las personas, en general, viven fundamentalmente ligadas a la familia. Por otro lado, también podemos afirmar que este carácter íntimo es el que le confiere un fuerte carácter emocional que en otro tipo de conflictos es más débil.

2.1. Elementos que conforman los conflictos

Podemos destacar tres elementos importantes que interactúan entre ellos al mismo tiempo que de forma continua y constante, y que son los que configuran los conflictos, a saber: las personas, el proceso y el problema (García, 2006; De Diego y Guillén, 2008; Fernández y Ortiz, 2008).

a) Las Personas

A la hora de afrontar un conflicto es necesario conocer quiénes son las personas que se encuentran implicadas en el mismo y qué papel desempeña cada una de ellas. Quiénes son los que se encuentran directamente implicados y si hay algunos que lo están de forma indirecta, es decir, los protagonistas principales y los protagonistas secundarios, y qué intereses puede tener cada uno de ellos en la solución o no del conflicto.

Para Fernández y Ortiz (2008:35) en los datos relativos a las personas hay que tener en cuenta: el poder: "la capacidad de influencia de los protagonistas", ya que la relación entre los mismos puede ser desigual; la percepción del problema: ya que para una parte el problema puede ser más importante que para la otra; las emociones y sentimientos: qué siente y qué emociones experimenta cada una de las partes ante el conflicto; peticiones iniciales: qué es lo que dice cada una de las partes que quiere y cuáles son sus objetivos; valores y principios: "sería la posición filosófica sobre la que descansa nuestra ideología y los elementos de nuestra propia cultura";

y, por último, intereses y necesidades: cuáles son los intereses y necesidades reales que subyacen a las peticiones iniciales.

b) El Proceso

El segundo elemento a tener en cuenta está relacionado con la dinámica del conflicto. Los conflictos no son estáticos, sino que están en continuo movimiento, por lo que evolucionan y se trasforman desde su origen, cambiando las percepciones de las personas implicadas y modificando el estilo de afrontamiento en función del contexto concreto en que se encuentre.

En este proceso hay que tener en cuenta dos conceptos: la escalada y la desescalada del conflicto. El primero tiene que ver con el desarrollo del conflicto, desde su origen, en su intensificación, cuando éste no ha sido resuelto satisfactoriamente para ambas partes en un primer momento. Imaginemos que dos personas pujan por un cuadro que es de interés para ambas, las reglas de la puja impiden retirar el dinero que se ha puesto sobre la mesa, puede llegar un momento que sobre la mesa haya más dinero que el valor real del cuadro, pero ninguna de las dos está dispuesta a retirarse de la puja porque perdería el dinero puesto y el cuadro; pues bien, así es como puede escalar un conflicto, ya que en el desarrollo y evolución del mismo es tanta la carga emocional puesta por ambos actores que ya no están dispuestos a retirarse, por lo que el conflicto avanza y se intensifica. Por otro lado, volviendo al ejemplo de la puja por el cuadro, sería normal que cada pujador fuese paulatinamente subiendo la cuantía de su puja con el fin de disuadir al otro. Eso mismo ocurre también cuando nos encontramos ante un conflicto, en el que los actores van intensificando sus acciones que pueden derivar en agresiones verbales, en un primer momento, e incluso terminar en agresiones físicas.

El segundo concepto, la desescalada, consiste en la desintensificación del conflicto. Cuando ambos actores, o uno de ellos, bien por motu propio, bien por la intervención de un tercero, rebajan su nivel emocional y deciden buscar soluciones para poner fin al conflicto, se inicia el camino contrario y el mismo comienza a desescalar.

Así pues, a la hora de afrontar un conflicto es necesario conocer en qué momento del proceso se encuentra el mismo, ya que esto resultará determinante para intervenir sobre él y, de ese modo, poder ponerle fin.

c) El problema

El tercer elemento al que necesariamente hemos de atender es al problema en sí. Qué tipo de conflicto es el que tenemos ante nosotros y cuál es el conflicto. Para

Alzate (2007), De Diego y Guillén (2008), y Fernández y Ortiz (2008) entre otros, los conflictos pueden ser de relación/comunicación: malentendidos, insultos, rumores, desvalorizaciones, etc.; de intereses o necesidades: por recursos, por actividades; o de valores o creencias: puntos de vista divergentes en cuanto al sistema de valores o creencias.

Es, pues, importante reconocer ante qué tipo de conflicto nos encontramos, ya que de ello dependerá la estrategia que tengamos que poner en juego a la hora de buscar soluciones al mismo. Por otro lado, hemos de fijar cuál es el conflicto concreto que se nos presenta, ya que, como hemos visto anteriormente, las personas expresan y verbalizan los conflictos de una manera determinada pero puede estar subyaciendo a esa verbalización todo un elenco de intereses, emociones, necesidades y percepciones que desvirtúan consciente o inconscientemente la naturaleza real del conflicto. Es como un iceberg, donde en la parte que queda fuera de la superficie del agua está lo que vemos, lo que las partes dicen que ven o quieren, pero hay una parte sumergida que no vemos y que incide de forma importante, es la parte donde se sitúa lo que realmente queremos o necesitamos.

2.2. Estilos de Gestión del Conflicto

A la hora de aproximarnos a una situación conflictiva, cada persona tiene una forma distinta de hacerlo, que es la que le da el carácter de negativo o no a dicho conflicto, es decir, las personas gestionamos nuestros conflictos de manera diferente y atendiendo a un estilo de gestión determinado. En función del estilo de gestión del conflicto que empleemos en cada momento, el desarrollo y la conclusión del mismo serán también de una determinada manera y se derivarán unas consecuencias diferentes.

Siguiendo a Alzate (2007) y De Diego y Guillén (2008), podemos establecer los siguientes modelos o estilos de gestión de los conflictos:

a) Negación:

Negamos la existencia de un conflicto. A menudo, cuando estamos enfadados o disgustados por algo y alguien nos pregunta ¿Qué te pasa? Solemos responder: "Nada".

Además, esta respuesta suele venir acompañada de gestos que manifiestan nuestro descontento. A veces, no sólo tratamos de negar el conflicto a los demás sino también a nosotros mismos, cosa que no conseguimos ya que nuestro estado emocional está tan alterado que lo único que conseguimos es sentirnos más enfadados, frustrados o heridos.

b) Evitación:

Hay ocasiones en las que simplemente evitamos el conflicto. Si tenemos una percepción negativa acerca de los conflictos tenderemos a evitar los conflictos. Si, además, entendemos que el conflicto está asociado a una determinada persona o grupo que es el causante de nuestro mal, pensaremos que, evitándolos, estamos poniendo tierra de por medio con el conflicto. Por ejemplo, cuando vemos que alguien con quien tenemos algún malestar viene por el pasillo en el trabajo o por la calle, y nos cruzamos de acera o nos hacemos los distraídos para evitar el encuentro con esa persona.

En ambos casos, tanto en la Negación como en la Evitación del conflicto estamos adoptando un estrategia de huida que nos permita tomar una cierta distancia para amortiguar su efecto en nuestras vidas con el fin de esquivarlo, y denota un bajo interés tanto por los resultados propios como por los resultados del otro.

c) Acomodación:

La acomodación es un estilo pasivo de gestión de conflictos consistente en acoplar o acomodar nuestras necesidades y/o deseos a los del otro, minimizando el conflicto y buscando razones que justifiquen su conducta. Se opta por obviar las diferencias y maximizar aquellos aspectos comunes que satisfacen el interés de la otra parte. Este estilo servilista muestra un bajo interés por uno mismo y en el fondo no es más que una forma encubierta de evitar el conflicto.

El enfoque sería del tipo pierde-gana, ya que no me importa perder y que el otro gane con tal de evitar el conflicto.

1. Enfrentamiento:

Cuando las personas entendemos que estamos "cargados" de razones somos más proclives a confrontarnos con el otro para demostrar que tenemos razón en la disputa y que el otro está equivocado. Este estilo de gestión de los conflictos es agresivo y dominante, donde la persona que da este tipo de respuesta trata de lograr su objetivo ignorando los deseos y necesidades del otro, al que considerará oponente o adversario.

La escalada de los conflictos en este modelo, si la respuesta que obtenemos de la otra parte es también agresiva, puede degenerar muy rápidamente en forcejeos cuando no en agresiones tanto físicas como verbales.

Aquí tendríamos un enfoque gana-pierde, puesto que lo único que me interesa es ganar a cualquier precio sin importarme lo más mínimo que para ello el otro pierda.

2. Respuesta positiva:

Si bien ninguno de los estilos descritos anteriormente tiene como objetivo la solución del problema, ya que en la negación, la evitación y la acomodación dicha solución en el mejor de los casos se pospone para otro momento más propicio, y en el enfrentamiento la solución pasa por la imposición de mis razones, cuando tratamos de afrontar el conflicto desde un estilo de respuesta positiva sí estamos tratando de buscar soluciones que nos acerquen a la superación del problema de una manera satisfactoria para ambas partes, más allá de quien tenga razón o no. En el estilo de respuesta positiva se pueden apreciar dos formas distintas de tratar de dar esa solución positiva al conflicto:

a) Compromiso:

Las partes asumen que para llegar a una solución ambas tienen que ceder, que perder parte de sus exigencias, de modo que las dos ganan algo aunque para ello también tengan que perder algo. Si eso que están dispuestas a perder no forma parte de sus necesidades esenciales, el compromiso puede ser efectivo. Si por el contrario alguien entiende que ha perdido en algo que le es de importancia, el compromiso se convertiría con el tiempo en una forma de acomodación que podría terminar derivando en enfrentamiento.

b) Colaboración:

El estilo colaborativo supera las limitaciones del compromiso, ya que las partes en lugar de asumir de antemano que para poder solucionar el problema tienen que perder algo, tendrán la disposición de colaborar para poder satisfacer sus deseos, necesidades o intereses de una forma plena, sin que les quede la posible insatisfacción de haber tenido que renunciar a algo. Este estilo integrador requiere de una comunicación fluida y directa entre los agentes del conflicto, con el fin de poder intercambiar la información necesaria que saque a flote las verdaderas diferencias existentes. De este modo, podremos solucionar el problema aquí y ahora, y también otros que puedan plantearse en el futuro por el carácter preventivo que tiene este estilo. Los agentes muestran, por tanto, un alto interés por uno mismo y también por la otra parte. Éste sería un enfoque gana-gana, ya que las dos partes están interesadas en ganar ellos y que también gane el otro.

3. QUÉ ES LA MEDIACIÓN FAMILIAR

Al tratarse la Mediación de una disciplina relativamente joven, procedimentalmente novedosa por su carácter flexible y su facilidad para ser aplicada a los distintos ámbitos sociales, familiares, laborales, etc., es necesario fijar mínimamente los conceptos para saber a qué nos estamos refiriendo exactamente cuando hablamos de ella, ya que de lo contrario estaremos cayendo en el error de utilizar conceptos y terminología similar para abordar prácticas diferentes. En este sentido, Vinyamata (2003: 16) afirma que:

> Conviene dejar claro que la Mediación no es una terapia, ni representa un tratamiento psiquiátrico ni el desarrollo de las capacidades educativas o aquellas otras propias de un trabajador social. Sin embargo, muchos pedagogos, abogados, psicólogos o trabajadores sociales confunden el desarrollo de su profesión con la aplicación precisa de la mediación, con lo cual todo el mundo acaba siendo mediador al mismo tiempo que desconoce lo que es la mediación.

Para Bercovitch (1991) existen dos tipos de Mediación, por un lado la que denomina Mediación Informal, aquella situación en la que la persona que media trata de conseguir un contexto favorable para la resolución de un conflicto basándose en sus cualidades y habilidades naturales. Es lo que algunas veces hemos tratado de hacer cualquiera de nosotros al intervenir en una disputa entre amigos o familiares, o las familias ante un problema entre sus hijos o el profesorado ante una riña en el patio del colegio. En estos casos no se sigue un plan específico de actuación sino que se utilizan experiencias pasadas en casos similares y las habilidades sociales propias para intentar establecer un contexto favorable que permita conseguir un acuerdo que sea satisfactorio para ambas partes. Por otro lado, este autor considera la Mediación Formal como un proceso bien estructurado con unas reglas perfectamente definidas, con un plan de actuación previo, con unos objetivos y principios claramente definidos. Es de este tipo de Mediación del que nos vamos a ocupar y el que va a centrar nuestro interés.

3.1. Definición de mediación

Lozano definen los procesos de mediación (Lozano, 2015: 123) cómo: un proceso de comunicación, a partir del cual, dos o más partes en conflicto, pueden gestionar sus diferencias, con la ayuda de un tercero imparcial, siendo, dichas partes, las únicas responsables de establecer aquellos acuerdos que satisfagan sus necesidades e intereses, que recomponga la comunicación y que les permita transformar su relación a partir de la gestión positiva del conflicto, siendo esta un modelo a tener en cuenta en los conflictos que en el futuro puedan plantearse.

Como podemos apreciar en nuestra definición de mediación, hablamos de gestión del conflicto y no de resolución del conflicto ya que entendemos que gestionar un conflicto es un concepto mucho más amplio, en el sentido de que resolver un conflicto implica un "aquí" y "ahora" que no siempre puede ser posible por el contexto y/o las condiciones en las que éste se produce, mientras que gestionar un conflicto implica comprender, manejar y afrontar el conflicto de manera que si no es posible su resolución en el momento actual, sí hemos dejado sentadas las bases para que el conflicto pueda ser resuelto posteriormente y, además, las partes aprendan cómo deben afrontar en el futuro los conflictos que se le planteen. Caben destacar también los conceptos de "establecer acuerdos", "recomponer la comunicación" y "transformar la relación", como objetivos últimos de la mediación, si bien, según el proceso y la naturaleza del propio conflicto, aparecerán los tres o alguno de ellos.

3.2. Características

Los procesos de mediación tienen unas características propias que les diferencian de otras técnicas y de otros procedimientos. Tal como apunta Martínez de Murguía (1999: 52) "la particularidad de la mediación radica en que no puede darse por satisfecha sólo con que el conflicto se resuelva de cualquier manera, porque precisamente la manera de resolverlo es esencial para ella".

Así mismo para Marlow (1999) la mediación familiar nos hace dirigir nuestra mirada al contexto social al que pertenecemos.

Dichas características que afectan de manera directa a la estructura de la mediación, por encontrarse ligadas intrínsecamente a las mismas, serían las siguientes, según De Diego y Guillén (2008):

- Actitud positiva hacia el conflicto. Entendemos el conflicto como algo intrínseco a la propia naturaleza humana y, por tanto, un afrontamiento positivo puede resultar enriquecedor para las personas, ya que les ayudaría a conocerse mejor a sí mismas.
- Participación directa de las partes. Cuando son capaces de identificar sus intereses y de colaborar en la búsqueda de soluciones, la salida al conflicto es asumida por ambas de manera satisfactoria.
- Colaboración interpersonal. La satisfacción de mis necesidades, intereses o deseos no conlleva necesariamente que la otra parte no pueda satisfacer los suyos.
- Toma de decisiones y asunción de sus consecuencias. Favorecer la toma de decisiones de forma autónoma y ajustada al entorno social en que viven, así como ser conscientes y asumir las consecuencias que pueden tener las mismas tanto para mí como para el otro.
- Responsabilidad de las partes. Importancia de sus opiniones, sentimientos, deseos y necesidades tanto propias como de los otros. La responsabilidad de la resolución de un conflicto recae directamente sobre las partes.

— Desarrollo de actitudes de empatía. Implica compromiso de atención al otro hacia lo que necesita o desea intentando ponerse en su lugar. Las personas experimentan como cada uno percibe diferentes aspectos de una misma realidad.

3.3 Principios de la Mediación

La Mediación como proceso para la resolución de conflictos está basada en una serie de principios básicos que la caracteriza con una identidad propia y que la distingue de otros sistemas de resolución de conflictos. Estos principios, además, son los que nos pueden garantizar que los acuerdos que propongan las partes van a ser cumplidos por las mismas. Los principios básicos a los que nos referimos serían los siguientes (Lozano, 2015):

Voluntariedad: Las partes que deciden acudir a un proceso de Mediación deben hacerlo de manera absolutamente voluntaria, sin ningún tipo de coacción. A diferencia de otros sistemas de resolución de conflictos como pueden ser los procesos judiciales en los que alguna de las partes pueda verse obligada a comparecer, en el caso de la Mediación ninguna de las partes está obligada a participar en el proceso pudiendo desistir en cualquier momento e incluso anunciar desde el primer momento su deseo de no participar sin que ello le cause perjuicio alguno. Este principio puede, además, ser utilizado como refuerzo positivo, a la hora de iniciar un proceso de Mediación, por parte del mediador, haciendo ver como el hecho de haber elegido voluntariamente esta vía, ya es en sí mismo un primer acuerdo.

Confidencialidad: Los temas que pueden tratarse dentro de un proceso de Mediación suelen afectar a la esfera íntima y privada de las partes en conflicto por lo que estos deben permanecer dentro del proceso, de hecho la información obtenida no puede utilizarse como pruebas en el caso de que el conflicto derivara en procesos judiciales. Este principio es de vital importancia ya que afecta de un modo directo al propio proceso de Mediación en el sentido de que la información que las partes aporten debe ser veraz y por lo tanto debe de existir el clima de confianza necesario como para saber que en caso de no llegar a una conclusión satisfactoria en la resolución del conflicto por esta vía, dicha información nunca puede ser utilizada en su contra.

Imparcialidad: El principio de imparcialidad está directamente vinculado a la figura del mediador y, más concretamente, a la participación del mediador dentro del proceso mismo de mediación. Esto quiere decir que el mediador debe de mantener una distancia tanto con respecto a cada una de las partes como con el conflicto en sí, absteniéndose de realizar cualquier tipo de comentario u opinión a favor o en contra sobre el mismo, y esto, no sólo porque el mediador deba ser imparcial sino porque debe ser percibido por las partes como tal, ya que si no fuese así alguna de las partes podría sentirse perjudicada y abandonaría el proceso.

Neutralidad: La neutralidad la entendemos en relación directa con el proceso mismo de Mediación. El mediador debe asegurar un proceso limpio y transparente en un ambiente neutral, equilibrado, sin vencedores ni vencidos para que las partes adquieran el grado de confianza necesario para tomar consciencia de que son las verdaderas protagonistas en la resolución del conflicto.

Buena fe: Este principio es básico en Mediación, las partes en conflicto deben acudir con la intención de dirimir sus diferencias, al margen de que después sea o no posible poder llegar a un acuerdo. En ningún caso se puede iniciar un proceso de Mediación con la oculta intención de dilatar el conflicto en el tiempo con el objetivo de obtener situaciones ventajosas en un procedimiento judicial.

Flexibilidad: Por último, el principio de Flexibilidad alude al carácter mismo de los conflictos y su forma de afrontarlos. Los conflictos, como ya hemos visto anteriormente, no se manifiestan siempre de la misma manera sino que adoptan formas diferentes y aparecen en situaciones diferentes, por ello hemos de afrontarlos de manera diferente. La Mediación tiene la capacidad de adecuarse a las diferentes expresiones que tienen los conflictos para poder afrontarlos de la forma más conveniente y que satisfaga mejor los intereses de los contendientes.

4. VENTAJAS DE LA MEDIACIÓN EN LOS PROCESOS DE CUSTODIA COMPARTIDA

Una vez que hemos visto en qué consiste la mediación y cuáles son sus principios y características fundamentales, pasemos a analizar qué ventajas puede aportarnos esta metodología de resolución de conflictos en los procesos de custodia compartida, teniendo en cuenta, como hemos visto al principio de este capítulo, que las distintas legislaciones autonómicas[26] en esta materia señalan la conveniencia de que los progenitores lleguen a una serie de acuerdos sobre cómo van a llevar a cabo las tareas propias de la crianza de los hijos. Lo ideal sería que fuesen los propios padres los que de mutuo acuerdo establezcan los períodos de convivencia, en función de sus circunstancias personales o contexto social y siempre pensando en el beneficio del menor.

Ahora bien, cabe preguntarse si ¿serán los progenitores capaces de aceptar una medida impuesta por una tercera persona, el juez? Y sobre todo ¿serán capaces de cumplir con las medidas que imponga el juez? En caso de que no sea así ¿serán capaces de convenir entre sí las tareas propias que conllevan una custodia compartida? No podemos olvidar que en un proceso de separación o divorcio, en la mayoría de las ocasiones existe un alto grado de tensión entre ambos progenitores y pedirles de repente que colaboren por el bien de su hijo puede ser complejo.

---

[26] Véase, por ejemplo, el capítulo de Solsona et al. en este libro.

En las últimas décadas hemos asistido a una transformación del modelo familiar tradicional dando lugar a diversos modelos lo que ha propiciado que la estructura de la unidad familiar se haya ido haciendo cada vez más compleja y no obedece a un único patrón (Venegas y Lozano, 2016), por lo que jueces y tribunales han de huir de generalidades y bajar hasta la particularidad de cada situación familiar a la hora de abordar las situaciones de custodia compartida de los hijos, lo que, dicho sea de paso, debería de convertirse en la regla general. De este modo, los presupuestos básicos para que una custodia compartida sea beneficiosa pasan siempre por la condición de que entre los padres exista la posibilidad de negociación y diálogo para resolver la multiplicidad de decisiones que han de tomar en la vida diaria respecto a sus hijos e hijas. El comportamiento precedente de los progenitores respecto a sus relaciones con el menor, las actitudes personales del padre y de la madre; el número de hijos; el cumplimiento por parte de cada progenitor de sus deberes para con sus hijos y el respeto mutuo en las relaciones personales de ambos progenitores serán requisitos necesarios para un buen funcionamiento de la custodia compartida.

La custodia compartida, aceptada por ambos progenitores, facilita una mayor estabilidad emocional tanto en los menores como en los progenitores, afecta de manera positiva en las relaciones sociales de los menores y en su rendimiento académico, evita utilizar a los menores como "moneda de cambio" en las relaciones entre los cónyuges y, así mismo, evita el chantaje por parte de los menores, para conseguir beneficios extras de sus progenitores.

Si no es posible esta colaboración, lejos de ser un sistema beneficioso para la familia en su conjunto, en especial para los hijos, puede convertirse en un foco de conflictos. Pero si nosotros somos capaces de poder entender los beneficios mentales que transmitimos a nuestros hijos, pudiendo acordar una custodia compartida, estaremos siendo un modelo familiar más estable, que seguramente beneficiará la evolución psicológica de nuestros hijos.

De este modo, y partiendo de los siguientes principios básicos, los beneficios que nos aportan los procesos de Mediación son:

— *Facilitar la comunicación entre las partes mediante las técnicas propias de la mediación*. En nuestra forma de entender la Mediación y en la definición que de la misma hemos dado, la comunicación es un elemento clave. Son frecuentes los conflictos que se producen en el ámbito familiar debido a la ausencia o ruptura entre las partes del vínculo comunicativo, lo que lleva a una percepción negativa del conflicto propiciando respuestas de evitación cuando no agresivas. La Mediación tiene como propósito reestablecer la comunicación entre las partes facilitando puentes entre ellas que les permitan alcanzar sus objetivos superando las diferencias. Así, el uso del diálogo y el desarrollo de actitudes empáticas que favorecen la comprensión del conflicto desde distintos puntos de vista, no solo desde mi percepción del conflicto sino también desde la percepción que "el otro" tiene del mismo, va aproximando a las partes a una concepción global del conflicto donde cada uno puede percibir los distintos aspectos de una misma situación, poniéndose cada uno en el lugar del otro y, por tanto, reestableciendo los vínculos comunicativos, necesarios para poder intentar una resolución satisfactoria. De este modo, los procesos de mediación permiten la aproximación de los progenitores para la elaboración, por ellos mismos, de una agenda de las tareas que debe llevar a cabo cada uno en el día a día de sus hijos.

— *Crear un espacio en el que no exista coacción.* Si uno de nuestros objetivos es el de facilitar la comunicación entre las partes, para que ello sea posible es necesario crear un espacio neutro, alejado de aquellas situaciones cotidianas donde el conflicto se manifiesta y en el que no se sientan coaccionadas ni obligadas a estar en contra de su voluntad. Un espacio en el que se pueda favorecer la confianza y la toma de decisiones de un modo constructivo, teniendo como fin último el bienestar de los menores y donde éstos dejarían de ser moneda de cambio, una mera mercancía con la que negociar otros aspectos del conflicto.

— *Equilibrar el poder entre las partes para garantizar la conveniencia de los acuerdos.* Cuando se produce un conflicto, éste suele acarrear un desequilibrio de poder entre las partes, por ejemplo en cuanto a la cantidad y/o calidad de información que tienen cada una de ellas sobre el mismo. Es función del mediador equilibrar dicho poder haciéndoles ver la importancia que tiene para la posible solución del conflicto, el hecho que toda la información sea compartida por todos. Así mismo las partes deben ser conscientes de que son ellas las auténticas protagonistas en la resolución de sus conflictos, por lo que sus sentimientos, necesidades, opiniones e intereses, tanto de unos como de otros, cobran especial relevancia situándose en un mismo nivel. La responsabilidad de la resolución de un conflicto recae directamente sobre las partes implicadas en él. Este equilibrio tiene como consecuencia inmediata una mayor estabilidad emocional en los adultos, que necesariamente se traslada también a los menores, ya que se elimina la desconfianza acerca de cuáles pueden ser las verdaderas intenciones del "otro", lo que genera fluidez en todo aquello que tiene que ver con la relación con los hijos.

— *Posibilitar que las partes lleguen a un acuerdo del tipo "gana-gana".* La Mediación trabaja el afrontamiento de los conflictos desde la cooperación de las partes para la superación de los mismos. Que una parte obtenga sus objetivos no significa que la otra no pueda obtenerlos también, por ello la Mediación facilita contextos cooperativos entre las partes con el fin de que ambas puedan obtener lo que desean, es decir, pasar de una posición "gana-pierde" (yo gano, tú pierdes) a otra "gana-gana" en la que ninguno de los dos tenemos por que perder, al contrario, ambos satisfacemos nuestras necesidades con el convencimiento de que es bueno para mí, lo que me hará cumplir aquello que hayamos pactado, siendo estos acuerdos estables y duraderos en el tiempo. Cuando en este tipos de acuerdos hemos puesto como objetivo último el bienestar de los hijos, no solo ganan los progenitores de manera individual, sino sobre todo los hijos menores y la relación de cada uno de los progenitores con sus hijos. Podríamos decir, que se produce una "revalorización" de los sujetos (progenitores y menores) en el interior mismo de la relación en que todos ellos están imbuidos. En este sentido, Suárez (1996) habla de "un potenciamiento del protagonismo, o sea como algo que se da dentro de una relación, por lo cual las personas potencian aquellos recursos que les permiten ser un agente, un protagonista de su vida, al mismo tiempo que se "hacen cargo", responsables de sus acciones".

5. CONCLUSIONES

A modo de conclusión, podríamos decir que los objetivos de la Mediación serían facilitar la comunicación entre dos partes en conflicto, creando un espacio neutro en el que no exista la coacción, con el fin de equilibrar el poder entre ambas, posibilitando que puedan llegar a un acuerdo del tipo "gana-gana" que garantice la conveniencia del mismo. Todo esto posibilita que en los procesos de divorcio, en general, y en los de custodia compartida, en particular, los progenitores puedan establecer por ellos mismos una serie de acuerdos de convivencia que permitan lidiar con el día a día de una manera sencilla y eficaz. La mediación facilita la comunicación y el diálogo entre las dos partes. El mediador pone a la pareja en contacto con sus sentimientos y sus necesidades reales, aclarando malentendidos, disminuyendo las tensiones, y previniendo posibles violencias. Al definir claramente los temas en conflicto se posibilita construir, de forma creativa, acuerdos satisfactorios para todos los miembros de la familia favoreciendo así que los mismos estén basados en la realidad de cada familia, y por lo tanto se cumplan.

El planificar conjuntamente cómo hacer las cosas, permite a los miembros de la familia encarar de forma más positiva el futuro, con menos ansiedad ante lo desconocido. Los miembros de la familia se comprometen y cumplen más con los acuerdos de la separación cuanto más participaron en su elaboración. Con el paso del tiempo los niños crecen, las circunstancias cambian... la mediación permite mantener relaciones constructivas orientadas al futuro. Por tanto, las ventajas no se circunscriben solamente a la pareja, además los beneficios se extienden hacia los hijos, y las redes familiares y sociales. Por último, como apunta Martínez de Murguía (1999:52) la mediación tiene otra peculiaridad que no comparten las demás técnicas, y es que basándose en el protagonismo que concede a las partes y en su intención de que lleguen a un acuerdo consensuado, reposa sobre un sistema de ideas particular sobre cómo deben resolverse los conflictos y cómo deben ser las relaciones entre las personas. Incluso aquellos que defienden una interpretación más pragmática de las virtudes de estas técnicas están de acuerdo en que la particularidad de la mediación radica en que no puede darse por satisfecha sólo con que el conflicto se resuelva de cualquier manera, porque precisamente la manera de resolverlo es esencial para ella.

6. BIBLIOGRAFÍA

Alzate, Ramón (2007) La dinámica del conflicto, en Soleto Muñoz, Helena y Otero Parga, Milagros (Dir). *Mediación y Solución de conflictos,* Madrid, Tecnos, pp. 147-158.

Bercovitch, Jacob (1991) International mediation and dispute settlement: evaluating the conditions for successful mediation, *Negotiation Journal*, Vol.7, pp 17-30.

De Diego Vallejo, Raúl y Guillén Gestoso, Carlos (2008*) Mediación: Proceso, táctica y técnicas.* Madrid, Pirámide.

Fernández Millán, Juan Manuel y Ortiz Gómez, María del Mar (2008) *Los conflictos: Cómo desarrollar habilidades como mediador*, Madrid, Pirámide.

García Villaluenga, Leticia (2006) *Mediación en conflictos familiares,* Reus, Barcelona.

Lozano Martín, Antonio M. (2015) La medicación como proceso de gestión y resolución de conflictos, en Orozco Pardo, Guillermo y Monereo Pérez, José Luis [dirs.] *Tratado de mediación en la resolución de conflictos*, Madrid, Tecnos, pp. 118-135.

Marlow, Lenard (1999) *Mediación Familiar,* Barcelona, Granica.

Martínez de Murguía, Beatriz (1999) *Mediación y Resolución de Conflictos,* México, Paidós.

Suarez, Marines (1996) *Mediación. Conducción de disputa, comunicación y técnicas*, Madrid, Paidós.

Toffler, Alvin (1973) *El shock del futuro*, Barcelona, Plaza y Janes.

Venegas, Mar y Lozano Martín, Antonio M. (2017) Educación, empleo y transformación de la estructura familiar: el papel de la igualdad, en Becerril Ruíz, Diego y Venegas, Mar (dirs.) *Custodia Compartida en España*, Madrid, Dykinson, pp. 25-44.

Vinyamata Camp, Eduard (2003) *Aprender Mediación*, Barcelona, Paidós.

CAPÍTULO 8
CONSTRUYENDO LA CUSTODIA COMPARTIDA ENTRE TODOS

Alicia Martín Montalbán

alicia.martin@juntadeandalucia.es

Servicio de Apoyo a la Administración de Justicia
Juzgados de Familia de Granada, Junta de Andalucía

1. INTRODUCCIÓN: EL MARCO DE LA CUSTODIA COMPARTIDA

1.1. La Custodia Compartida en España

La generación del último tercio del pasado Siglo XX en su mayoría ha vivido un modelo de familia biparental convencional: un hombre y una mujer casados, que viven juntos y con hijos propios. En cambio las generaciones actuales ven la familia como algo dinámico, aceptando modelos de familia muy diferentes y con un reparto de roles en el ámbito laboral y en el ámbito privado mucho menos estereotipado y, en muchos casos, más equitativo (Becerril, 2015). La sociedad actual es más individualista pero también más tolerante. De hecho es evidente que la legislación vigente va por detrás de la realidad en cuanto a los nuevos modelos de familia (Ivars, 2008). De ahí que sea muy importante que los profesionales que trabajan en el ámbito de la familia y directamente con menores, tengan la suficiente formación y una perspectiva social realista, de modo que por ejemplo en el colegio los profesores hagan que todos los menores se sientan identificados cuando se habla de familia. Tanto de la convencional como de los modelos monoparentales, parejas del mismo sexo y familias reconstruidas. Y también es muy importante que los jueces tengan el conocimiento suficiente, para adoptar en temas de divorcio la mejor opción para la vida del menor, sin dejarse mediatizar por el concepto vigente hasta hace poco tiempo, pero carente de apoyo empírico, que promulga que la madre es la persona que está más capacitada para atender al menor, privando al padre y al hijo de mantener una relación paterno-filial, independientemente de que la relación de sus progenitores este rota (Utrera y Peña, 2015). A fecha de hoy todavía se sigue concediendo de forma muy mayoritaria la guarda y custodia a la madre, y en Andalucía el porcentaje es aún mayor (INE, 2015). No obstante, los datos que personalmente he podido constatar a través de mi trabajo cotidiano son muy alentadores, en el sentido de que se está dando un incremento significativo del número de custodias compartidas. Y al parecer esta tendencia se da en toda España (Estrelladigital, 2016).

Mi experiencia como psicóloga-forense en el ámbito de los equipos psicosociales de los juzgados de familia, hace que considere que se ha avanzado de forma importante y positiva en el desarrollo y aplicación de la custodia compartida en base a una serie de razones. Habitualmente ocurre que las necesidades sociales van muy por delante de la legislación. En el caso de la Custodia Compartida (CC a partir de ahora), han sido, como en muchos otros temas, los agentes sociales, las asociaciones, los profesionales implicados (jueces, abogados, psicólogos, progenitores...) los que han hecho un enorme esfuerzo para que la sociedad visualice la necesidad de la CC, la vea con más naturalidad y en muchos casos como la mejor opción para los menores.

Puede afirmarse que, al menos en el ámbito jurídico en el que trabajo, todos los profesionales que intervienen en el tema (jueces, abogados, psicólogos....) han hecho un esfuerzo por ir contrastando los criterios de los que se partía para que un juez concediera la CC al objeto de ir ajustándolos a la realidad actual.

No obstante aún se están estudiando, ampliando y perfeccionando los criterios y condiciones en las que se debe dar la CC, como mejor opción para los menores implicados (Ivars, 2008). Para ello, se han aproximado posturas en relación a los criterios necesarios para que se considere la CC como una opción viable y positiva para el menor.

1.2. El concepto y la legislación sobre CC en España

Para comprender el concepto de CC hay que partir del principio. Cuando una pareja decide separarse lo puede hacer de dos maneras:

a) De mutuo acuerdo

Asumen la responsabilidad de forma conjunta llegando a un acuerdo razonable, pactado, equilibrado y viable. Adoptan una estrategia "Gana-Gana" y redactan un Convenio Regulador (Zaccagnini, 2015).

b) Acudiendo a los tribunales

Como sabemos en España falta "cultura de la negociación" y del "divorcio" y por lo tanto es más frecuente de lo deseable que una o ambas partes interpongan una demanda de Separación o Divorcio.

En este caso, las partes "transfieren" la responsabilidad de elaborar un convenio regulador de su divorcio al Sistema Judicial.

Cuando se interpone un procedimiento de divorcio contencioso, habitualmente las partes adoptan una estrategia de enfrentamiento personal. Conflicto "pierde-pierde" (Zaccagnini, 2105). Este procedimiento exigirá una intervención de la ley para imponer una solución externa. Si la pareja no tiene hijos, la solución legal es más sencilla, en tanto que se trata de hacer un reparto de bienes ajustado a la ley. Pero si la pareja tiene hijos el problema es más complejo, ya que afecta a terceros que en este caso son menores inocentes y vulnerables. En los procedimientos que el Juez lo considere necesario solicita el asesoramiento de un Psicólogo Forense de los equipos psicosociales.

En este contexto la CC se ampara legalmente en dos derechos fundamentales: por una parte, el derecho del hijo a preservar su relación con sus dos progenitores, de acuerdo con la Carta de los Derechos del Niño; y por otra, "el derecho y deber de los progenitores a prestar asistencia a sus vástagos", recogido en la Constitución, así como "velar por ellos, tenerlos en su compañía, alimentarlos y educarlos", según reza el Código Civil (Ivars, 2008).

La definición habitual de la CC, la plantea como la situación legal mediante la cual, en caso de separación matrimonial o divorcio, ambos progenitores ejercen la custodia legal de sus hijos menores de edad, en igualdad de condiciones y de derechos sobre los mismos. En la actualidad viene regulada por la ley 15/2005 (8 de julio) que presenta una reforma del Código Civil, que introduce la CC en nuestra legislación (de forma excepcional). En varias Comunidades Autónomas ya está establecida la CC por defecto: Aragón, Valencia y Cataluña en 2010.

Esta figura se contrapone a la figura de la custodia exclusiva, que hasta ahora ha sido la más usual en países de raigambre latina. En caso de divorcio contencioso suele darse la custodia en exclusiva a uno de los progenitores (que habitualmente será la madre), confiriéndose al otro (el padre) el derecho de visitas y el pago de los alimentos.

Pero hay muchos casos en que esa opción fracasa, generando problemas tales como la falta del pago de la pensión de alimentos, el alejamiento del padre visitante y el dolor del menor, por no contar con uno de sus progenitores (habitualmente el padre). Además, en ocasiones se generan denuncias de los progenitores y nuevos procedimientos contenciosos. Esta es una de las razones importantes por la que surge la opción de la CC, concepto que implica que ambos progenitores siguen sosteniendo y criando a sus hijos pese al divorcio.

Ante la confrontación de intereses que pueden darse en la ruptura matrimonial, ¿qué derechos deberían primarse al asignar la custodia? La Convención de la ONU sobre los Derechos del Niño es explícita al respecto: "En todas las medidas concernientes a los niños que tomen las instituciones se atenderá *el interés superior del niño*."

Es muy importante señalar que las modalidades posibles de CC son muy amplias, ya que las circunstancias de los interesados, y los intereses del menor, pueden ser muy diferentes. Un menor puede desarrollarse perfectamente, desde la perspectiva psicológica en una familia mono o biparental. Pero un menor que previamente ha creado lazos de apego con las figuras de un "padre" y una "madre", demandará mantener esos lazos para un desarrollo integral de su personalidad. Por tanto, privar a un menor de esos lazos creados con uno de los progenitores puede ir totalmente en contra de "*el interés superior del menor*".

Por otra parte, la detección de graves enfrentamientos entre las figuras "paterna" y materna", con las que previamente el menor ha creado lazos de apego, también puede afectar muy negativamente a su desarrollo. A lo largo de mi experiencia profesional he realizado propuestas al Juez/a de custodia compartida, a pesar de que en esos momentos del procedimiento exista un conflicto entre los progenitores. Esto es así porque se ha constatado que una vez que obtienen la sentencia de divorcio, el conflicto suele enfriarse ya que las partes tienen a qué atenerse en su relación futura respecto a los hijos. Esto supone que se aclaran los puntos en que solían tener conflicto, tales como reparto de tiempo, pagos de pensión, gastos extraordinarios, papel en la toma de decisiones respecto a la vida del menor, etc. En este contexto, los progenitores tienen y deben entender que, por encima de sus intereses, está el interés de sus hijos/as y, por lo tanto, deben hacer un esfuerzo para mantener una relación razonable con la otra parte, que les permita ejercer la paternidad de forma adecuada. De hecho, en Estados Unidos, cuando una pareja se divorcia está obligada a realizar un programa que enseña a gestionar la coparentalidad.

2. EL PAPEL DE EL/LA PSICÓLOGO/A FORENSE EN LA PROPUESTA DE CONCESIÓN DE LA CC

2.1. El objetivo de el/la Psicólogo/a Forense en la propuesta de concesión de la CC

Tal como ya hemos mencionado, el papel de el/la Psicólogo Forense en este contexto es el de asesorar a el/la Juez/a sobre el mejor modelo de custodia para los hijos/as. En este sentido, es importante empezar subrayando que el Psicólogo/a Forense en la administración pública, tiene todos los medios que necesite a su disposición, lo que le proporciona muchas garantías a la hora de elaborar un informe sólido y fundamentado en toda la información disponible. Esto hace que su informe se realice desde una posición más ventajosa respecto a un perito privado (informe de parte) que habitualmente tiene acceso únicamente a una de las partes implicadas en el procedimiento contencioso y dificultad para recopilar información y documentación (informes médicos, nóminas, etc.) que pudieran ser determinantes o de utilidad para la elaboración objetiva e imparcial del informe.

Para realizar su trabajo, el/la Psicólogo/a Forense de la administración pública siempre entrevista a todas las partes intervinientes en el conflicto. Si lo considera necesario, puede citar a cualquier persona u organismo relacionados con las partes que intervienen en el procedimiento: abuelos, nuevas parejas, colegios, centro de salud, salud mental, lugar de trabajo, servicios sociales, vista al domicilio de los progenitores, etc., todo lo cual garantiza un informe imparcial en la evaluación y absolutamente documentado.

El informe de el/la Psicólogo/a forense sobre el modelo de custodia, con el que asesora a el/la Juez/a, acerca de cuáles serían las mejores condiciones para garantizar los derechos y el desarrollo psicológico positivo de los hijos, ha de responder a lo que parece más conveniente hacer respecto de:

— La patria potestad.
— La guarda y custodia de los menores hasta la mayoría de edad (Exclusiva, compartida o partida).
— El Régimen de Visitas del progenitor no custodio.

El resultado es un informe escrito en el que se recoge una propuesta no vinculante que se remite al Juez, que es el que dicta sentencia.

2.2. Criterios para la concesión de la CC

A modo de resumen ilustrativo los criterios con los que habitualmente los/as Psicólogos/a Forenses elaboran el mencionado informe serían los siguientes:

a) Evaluar cuáles son los verdaderos motivos e intereses por los que cada miembro de la pareja ha solicitado la custodia compartida. Para ello se evalúa el nivel de motivación real de cada progenitor. En ocasiones, se detecta en alguno de los progenitores interés implícito para que se dé o no la custodia compartida. En ambas partes suele haber intereses relacionados con asuntos económicos y también suele haber un deseo consciente o inconsciente de hacer daño al otro.

b) Evaluar si los progenitores poseen la capacidad, disponibilidad y firme propósito de asumir la responsabilidad de la guarda y CC. Esto supone evaluar una serie de características de los progenitores y del entorno. En ocasiones, cada uno de los progenitores solicita un tipo de custodia (exclusiva o compartida), sin haber evaluado suficientemente la responsabilidad y cambio de vida que esto implica, basándose principalmente en sus necesidades emocionales y en la desventaja económica que le supone perder la custodia. En estos casos, el perito evalúa la posibilidad real que tiene el progenitor a corto o medio plazo de ejercer adecuadamente la CC.

c) Conocer la opinión de los menores, cuando la edad así lo permita.
d) Evaluar si la estructuración que el progenitor va a hacer de la custodia compartida es realista, razonable y se ajusta a sus posibilidades de vida cotidiana.
e) Investigar si existe una relación razonable y civilizada entre los progenitores, en temas relacionados con los menores.
f) Evaluar si hay comunicación interparental en temas relacionados con los hijos.
g) Evaluar los criterios educativos de los progenitores, la compatibilidad de las normas de convivencia cotidiana y la afinidad del modelo de vida
h) Averiguar si la profesión, ocupación u oficio de los progenitores dificultara que efectivamente funcione el acuerdo o si en este caso cuenta con ayuda externa o de la familia para cubrir los huecos atencionales derivados de su actividad profesional.
i) Averiguar si el ingreso económico de ambos permite cualquier coste adicional que ocasione la custodia compartida.
j) Evaluar la disponibilidad de tiempo que tienen los progenitores para dedicar al cuidado de sus hijos.
k) Evaluar el apoyo familiar o de personas cercanas con que cuenta cada progenitor.
l) Evaluar si los abuelos van a ejercer una responsabilidad respecto al cuidado de sus nietos que en realidad le corresponde a la figura paterna o materna.
m) Evaluar si la ubicación y distancia entre ambos hogares afecta perjudicialmente la educación de los menores y su rutina cotidiana (asistencia a actividades extraescolares, grupo de amigos… etc.).

3. VALORACIÓN PSICOSOCIAL DE LA CC

3.1. Ventajas de la CC

El desarrollo efectivo de una CC, según varios expertos en el tema, tiene muchas ventajas relativas al interés superior del menor. Entre ellas cabe destacar:

a) Convivencia igualitaria con cada uno de los progenitores. No hay padres /madres periféricos/as. Los hijos sienten que no han perdido a ninguno de los dos.
b) Inclusión en el nuevo grupo familiar de cada uno de sus progenitores, enriqueciéndose muchas veces con la presencia de nuevos cónyuges y nuevos hermanos.
c) Mayor comunicación y cooperación. Buen modelo de roles parentales.
d) Los niños aprenden a ser solidarios, a compartir, a resolver los problemas mediante acuerdos en vez de litigios, a respetarse entre géneros.
e) Se preserva mejor la continuidad de la vida familiar del niño, se reduce el fracaso escolar, así como las posibles carencias afectivas.
f) Los niños desarrollan una mentalidad y actitud distinta ante la ruptura de sus progenitores, al no culpabilizarse por ella y seguir manteniendo la relación con los dos.
g) La relación de los ex cónyuges resulta menos conflictiva.
h) El padre se siente más implicado en la educación y desarrollo de sus hijos, al mantener los lazos afectivos y una relación constante.

3.2. Desventajas

Por otra parte, la CC también tiene algunas desventajas que, según los expertos serían las siguientes:

a) Adaptación a dos casas. Cada casa tiene sus hábitos, sus reglas, sus horarios. Los niños deben adaptarse muchas veces a dos formas distintas de encarar la vida, a costumbres diferentes, a normas de educación diferentes. Aunque una vez que se adaptan es muy enriquecedor para su desarrollo personal.
b) Problemas prácticos y logísticos. Es normal en este sistema que alguna cosa que el niño debe de utilizar un día haya quedado en la otra casa el día anterior. O que algunas rutinas del niño experimenten alguna alteración por el cambio de hogar.
c) La determinación del tiempo que el menor convive con cada progenitor, de forma que este sea equilibrado y no repercuta en la estabilidad emocional del menor, ni en sus hábitos de vida cotidiana, ni en su contexto de relaciones más habituales.
d) La dificultad en la determinación en relación a la edad del menor, del tiempo que debe establecerse de permanencia con cada progenitor según la misma.

3.3. Algunas experiencias prácticas

Por mi experiencia profesional desearía mencionar algunos aspectos que me parecen especialmente importantes a tener en cuenta en la aplicación de la CC. En la petición de la CC, el padre en ocasiones la solicita sin haber evaluado suficientemente la responsabilidad y cambio de vida que esto implica, basándose principalmente en sus necesidades emocionales y en la desventaja económica que le supone perder la custodia. En estos casos el perito evalúa la posibilidad real que tiene el progenitor a corto o medio plazo de ejercer adecuadamente la guarda y custodia compartida.

En el caso de la madre a veces ocurre lo contrario, piensa que el padre no está capacitado para ejercer adecuadamente su rol parental, o que no quiere renunciar a la pensión de alimentos o la vivienda, o que no ha sido ella la que ha finalizado la relación y utiliza a los hijos como arma arrojadiza contra el padre. También puede ocurrir que como son conocedoras de que para que se determine la custodia compartida es importante que exista una buena comunicación entre los progenitores, cortan la comunicación con el padre o la hacen muy conflictiva, con el objeto de conseguir su interés personal, que consiste en obtener la guarda y custodia exclusiva. Esta práctica, que a veces es aconsejada a las madres, impide la CC y, con ello puede afectar muy gravemente al desarrollo presente, y sobre todo futuro (adolescencia), del menor. Por este motivo, en ocasiones el perito aconseja conceder la CC, dado que ambos progenitores están capacitados para ello, aunque momentáneamente enfrentados, porque con este modelo de custodia se evitará que la manipulación consciente o inconsciente de la madre termine deteriorando o incluso rompiendo la relación padre-hijo/a. Con consecuencias muy negativas para *el interés del menor*.

Por otra parte, en nuestra experiencia observamos que en muchas ocasiones una vez que se dicta sentencia y se enfría el conflicto desciende significativamente el grado de hostilidad y tensión entre los progenitores. De manera que la posible CC, que en el momento de la separación puede parecer inviable, se hace viable, de facto, justo al terminar el procedimiento.

Y de nuevo señalar que cada vez es más frecuente que los padres soliciten la CC, pero el número de sentencias en esta línea todavía es muy bajo, porque se solicita desde un contexto contencioso y en la mayoría de los casos los conflictos entre los progenitores están muy enconados y es muy difícil en esas circunstancias proponer la CC.

También es importante tener en cuenta la edad de los menores para valorar la posibilidad de poder proponer una CC y el tiempo de permanencia de los menores con cada progenitor.

Afortunadamente, cada vez se establecen regímenes de visitas más amplios, en algunos procedimientos de más de dos días de lunes a viernes de forma que el menor alterna con cada progenitor, en esos casos habría que determinar si una compartida por ejemplo por semanas proporcionaría más estabilidad al menor. Si el régimen de visitas incluye dos días semanales pero sin pernocta, puede ser beneficioso para el menor, puesto que puede favorecer su estabilidad al dormir siempre en el mismo domicilio, pero, si esos dos días de visita son con pernocta, el menor cambia de domicilio constantemente y podría ser más beneficioso para el mismo establecer una CC por semanas, por ejemplo.

Finalmente, hay que insistir en que nuestra máxima es determinar lo mejor para el menor. No obstante, hay que tener en cuenta otras muchas variables que a corto o largo plazo van a incidir en el bienestar del mismo: grado real de motivación de cada uno de los progenitores, posibilidades de atención, proyecto de vida integrando a su hijo, vinculación y nivel de implicación de cada progenitor, disponibilidad de tiempo y apoyo con el que cuenta cada progenitor, etc.

4. CONCLUSIONES

Tal como venimos subrayando, el objetivo de la intervención psicológica en el contexto de las separaciones es "el bienestar del menor". Y, psicológicamente hablando, está ampliamente demostrado que ese bienestar depende crucialmente del "apego" a ambos progenitores (Cantero y Benaches, 2010). Por tanto:

1) Un menor que ha desarrollado el apego a los dos miembros de la pareja debería tener derecho a seguir ejerciendo ese apego, con independencia de que se mantenga o no el vínculo de la pareja.
2) En consecuencia la CC puede ser la mejor opción para el menor si la pareja se separa de mutuo acuerdo y se establece un convenio regulador equilibrado para las partes.
3) Todo lo que sea enfrentamientos "Gana-Pierde" o "Pierde-Pierde" dificulta mucho la posibilidad de la Custodia Compartida. Tal como ya hemos subrayado, esta situación impide la CC y, con ello puede afectar muy gravemente al desarrollo presente, y sobre todo futuro (adolescencia), del menor.
4) Mediante las herramientas psicológicas de las que disponemos (entrevistas, tests, contacto con otros profesionales, informes de otros organismos, visitas a domicilio, etc.) se pueden evaluar rigurosamente las ventajas y desventajas de la CC para el menor.
5) El informe del Psicólogo/a Forense se elabora desde la imparcialidad y siempre primando el interés del menor.

6) Desde la perspectiva estricta de la Psicología Forense la CC es la mejor opción cuando la responsabilidad de ambas partes puede garantizar un ambiente adecuado para el desarrollo del menor.
7) En caso contrario, hay que optar por una de las dos figuras de guarda y custodia que la ejercerá de forma exclusiva, aunque tratando de mantener el máximo de acceso a la otra figura, siempre que eso no suponga un daño para el menor.

5. BIBLIOGRAFÍA

Becerril, Diego (2015) La Familia del Siglo XXI, en Orozco Pardo, Guillermo y Monereo Pérez, José Luis [dirs.] *Tratado de mediación en la resolución de conflictos*, Madrid, Tecnos, pp. 175-188.

Cantero, Mª José y Lafuente, Mª Josefa (2010) *Vinculaciones afectivas: apego, amistad y amor*, Madrid, Editorial Pirámide.

Estrelladigital, en *http://www.estrelladigital.es/articulo/espanha/supremo-apuesta-custodia-compartida-hijos/20160301173136274624.html* [Consultado el 03 de marzo de 2016]

INE (2015) *Estadísticas de nulidades Separaciones y divorcios Año 2014*, Madrid, Instituto Nacional de Estadística, en *http://www.ine.es/prensa/np927.pdf*

Ivars, Joaquín (2008) *Guardia y custodia compartida*, Barcelona, Editorial Tirant Lo Blanch.

Utrera, José Luis y Peña, Mª Ángeles (2015) *Guía para un buen divorcio: Aspectos legales y psicológicos*, Madrid, Ley 57.

Zaccagnini, José Luis (2015) El Conflicto en la Mediación. La Perspectiva psicológica, en Orozco Pardo, Guillermo y Monereo Pérez, José Luis [dirs.] *Tratado de mediación en la resolución de conflictos*, Madrid, Tecnos, pp. 33-57.

PARTE III

ASOCIACIONISMO Y CUSTODIA COMPARTIDA

CAPÍTULO 9

FEDERACIÓN "FADIE", MOVIMIENTO ASOCIATIVO EN PRO DE LA JUSTICIA Y LA IGUALDAD

Aníbal José Moreno López

anibaljml@hotmail.com

Aníbal José Moreno López - Inmaculada Ocaña de Valdivia

fadiecc@gmail.com

Federación Andaluza para la Defensa de la Igualdad Efectiva

Con este capítulo se pretende explicar cuál ha sido el motivo de la creación de estas Asociaciones, el recorrido y los fines de las mismas. Estas se encuentran inscritas en nuestra Federación Andaluza para la Defensa de la Igualdad Efectiva, "FADIE". Donde actualmente ocupamos los cargos de Presidente Inma Ocaña de Valdivia y como Secretario General Aníbal José Moreno López.

En estas líneas no queríamos olvidarnos, por supuesto, de dar las gracias a todos aquellos compañeros/as que con su trabajo voluntario, han hecho posible que podamos presentar nuestras reivindicaciones ante las instituciones públicas.

1. ASOCIACIÓN GRANADA PARA LA DEFENSA DE LA IGUALDAD EFECTIVA, "GDIE". FUNDADOR D. ANIBAL JOSÉ MORENO LÓPEZ

En la Asociación Granada para la Defensa de la Igualdad Efectiva, (GDIE), registrada en el mes de Diciembre del 2013 en la que soy fundador y que actualmente formo parte de su junta directiva y en otra Asociación de Custodia Compartida que se registró antes, en el mes de Octubre del año 2010, en la que fui uno de los cuatro fundadores, siendo elegido como presidente en el año 2012 hasta el 2013, se crearon para promover ante la sociedad y los poderes públicos, la protección y defensa de los Derechos de los/las menores de edad en los procesos de nulidad, separación y divorcio.

Uno de nuestros principales objetivos ha sido impulsar un cambio social, esto conlleva una equiparación en responsabilidad de ambos progenitores con respecto a nuestros hijos. Fomentamos una coparentalidad como modelo para la crianza y educación de los menores, antes, durante y después de la convivencia de sus progenitores.

* **Fines compartidos por ambas asociaciones**

1. Por igual se ha exigido que tanto la legislación como la práctica jurídica establezcan la custodia compartida como un derecho de los/as menores, nacidos/as o adoptados/das en el marco de una relación de pareja, a seguir teniendo el mismo o similar contacto con ambos progenitores tras la ruptura de dicha relación.
2. Se ha promovido el respeto y el reconocimiento de la paternidad y la maternidad como proyectos vitales de la persona, (al margen de cuál sea el sexo de las personas), y como realidades de igual rango sobre las que se fundan derechos fundamentales absolutamente idénticos.
3. Hemos potenciado la transformación de los modelos culturales tradicionales de la Paternidad y de la Maternidad, promoviendo el intercambio de roles en un doble sentido:
    a) Impulsando, en el ejercicio de la paternidad, la puesta en práctica de funciones y conductas antes reservadas a la madre, tales como la nutrición, los cuidados primarios del bebé, el juego, el cariño y el contacto físico cotidianos.
    b) Reconociendo también en la maternidad caracteres considerados tradicionalmente masculinos, como el sostén económico y la autoridad.
4. Hemos reivindicado la tipificación como delito de aquellas conductas dirigidas a provocar en el/la menor el desarrollo del Síndrome de Alienación Parental, es decir cualquier intento por separar o crear un distanciamiento, físico o psicológico, entre el/la niño/a y alguno de sus progenitores, familiares o seres queridos.

* **Fines, solo ejercidos por la Asociación GDIE**

Más tarde, solo la Asociación Granada para la Defensa de la Igualdad Efectiva, (GDIE), se adhirió a la Federación Andaluza para la Defensa de la Igualdad Efectiva, (FADIE), y las razones eran que no sólo nos ocupábamos de los fines compartidos por ambas asociaciones, sino que llegamos al convencimiento que los efectos perversos causados por las leyes sexistas y discriminatorias eran también un problema que nos afectaba realmente en el ámbito familiar.

Desde esta perspectiva trabajamos con todos los miembros de la familia ante la necesidad de:

1. Tener que promover la creación de Institutos de la Familia o Centros de Atención a la Familia independientes, para la defensa de los/las menores y para la salvaguarda de la relación de éstos/as con sus progenitores. Y como no, ampliando también por lo tanto el concepto de familia y exigiendo el reconocimiento institucional y la protección por parte del Estado, Comunidades y Ayuntamientos, de todos los referentes familiares de el/la menor, cualquiera que sea el modelo y la estructura de dichas familias.
2. Luchar contra cualquier forma de discriminación legal y social fundada en la variable de sexo y que, promovida por el Estado, Comunidades y Ayuntamientos o por determinados grupos sociales, que también puedan repercutir negativamente en el bien del menor. Combatir asimismo el sexismo en todas sus manifestaciones y sentidos, tanto en el ámbito público como en el espacio doméstico o privado.
3. Abordar el fenómeno de la violencia de género y doméstica desde una perspectiva preventiva y educativa. Alentar cambios en las pautas culturales que regulan las relaciones interpersonales y en las normas que modelan los procesos de nulidad, separación o divorcio, para que los sujetos implicados se vean y se reconozcan mutuamente como iguales, y para que esa igualdad esté amparada por las instituciones en todo momento como principio en el que debe fundarse tanto la convivencia como el cese de la misma.
4. Trabajar en la mediación familiar para actuar preventivamente por el bien de los procesos de separación y divorcio y como vía que garantice el reconocimiento igualitario de las partes, que ayude en la resolución de los conflictos Y que favorezca un clima de colaboración en la educación de los/las hijos/as. Demandar a la administración la adecuada dotación de medios para cubrir estos servicios de mediación profesionales independientes y con un capital material y humano suficiente que permita la intervención mediadora antes, durante y después de la ruptura de la pareja. Asimismo, instar a los poderes públicos para que, en caso de desacuerdo entre las partes, se derive a las mismas a la intervención de los servicios de mediación familiar, como requisito previo a todo proceso contencioso.
5. Participar en la elaboración de cuantos proyectos de modificaciones de Ley tengan que ver con los derechos del/la menor, especialmente relativos a los procesos de nulidad, separación y divorcio, y con el principio siempre de igualdad entre hombres y mujeres.

6. Impulsar cambios legislativos dirigidos a posibilitar y facilitar la aplicación práctica de los regímenes de custodia compartida. En materia de vivienda, instar a los poderes públicos a facilitar el acceso a las viviendas de protección oficial a Padres/Madres divorciados/as. En materia laboral: establecer flexibilidad de horarios de trabajo y de períodos vacacionales, así como preferencia para la movilidad geográfica laboral a padres/madres divorciados/as, todo ello al objeto de preservar el contacto cotidiano y la cercanía de los/as menores con sus progenitores.
7. Velar por el cumplimiento de la legalidad y censurar y perseguir los comportamientos profesionales negligentes o carentes de ética en colectivos profesionales implicados en los procesos de separación y divorcio, tales como magistrados, fiscales, psicólogos, abogados y mediadores.
8. Denunciar la utilización ilegítima de procedimientos penales espurios en los procesos de separación y divorcio y auspiciar la toma de las medidas legislativas y jurídicas necesarias para prevenir y castigar dichas conductas.
9. Despertar la conciencia colectiva en los varones padres, respaldar y reforzar la afirmación identitaria en torno a un nuevo concepto de la paternidad. Apoyar la "visibilidad" social de la paternidad, sobre la base del reconocimiento del acceso de la masculinidad al espacio doméstico y al ámbito de la afectividad. Asimismo alentar esa "visibilidad" de los padres amparando su toma de postura pública, la expresión se sus problemas ante todo tipo de instancias y la exigencia del respeto de su dignidad.
10. Apremiar a los poderes públicos para que se establezcan garantías eficaces que salvaguarden el ejercicio de la patria potestad compartida en los casos en que se ha impuesto o se ha acordado la custodia monoparental.
11. Solicitar y obtener subvenciones para los objetivos propios de la Asociación para:
    a) Desarrollar programas y servicios de orientación y asistencia especializados a miembros de familias posdivorcio, (madres, padres, hijos/as, abuelos/as). En definitiva, para casos de personas en situación de desigualdad por acoso físico y/o moral.
    b) Sensibilizar a los diferentes Profesionales y colectivos implicados en los procesos de separación y divorcio, tales como magistrados, fiscales, psicólogos, abogados y mediadores, cuerpos y fuerzas de seguridad del Estado y centros penitenciarios. Y en general a toda la ciudadanía.

* **Y para su consecución desarrollamos las siguientes actividades:**

1. Colaboración, coordinación y contacto periódico con cuantas Instituciones, Organizaciones y personalidades que ostenten responsabilidades públicas o profesionales, que persigan nuestros fines.
2. Realización de actos públicos de defensa y reivindicación del derecho del/la menor a las relaciones familiares.
3. Divulgación de todo tipo de trabajos y documentos especializados, así como elaboración de folletos, relativos a la coparentalidad y la custodia compartida como modelo preferente.
4. Desarrollo de Proyectos de Coeducación en los centros de enseñanza secundaria, institutos y universidades, Dentro del Plan de Igualdad entre Hombres y Mujeres de la Junta de Andalucía.
5. Prestación de Servicio de Asistencia Jurídica, (abogados/as), para facilitar Información de carácter procesal y sobre código civil a padres y madres para casos de divorcio.
6. Prestación de Servicio de Mediación Familiar, (abogados/as y psicólogos/as), para padres/ madres divorciados/as.
7. Prestación de Servicio de Terapia Psicológica, (psicólogos/as), para madres y padres divorciados, menores y abuelos: talleres de prevención de Síndrome de Alineación Parental, dinámicas grupales y terapia individualizada.
8. Planificación de Actividades de ocio y tiempo libre: talleres de Artes Plásticas para hijos/as de padres separados/as o divorciados/as, actividades deportivas y concursos. Organización y participación en fiestas para niños/as, actividades recreativas para padres y madres, asistencia a actividades culturales y espectáculos.
9. Reparto de alimentos, ropa y enseres a los afectados/as.
10. Organización de mesas de debate a favor de la custodia compartida y contra la Violencia en el Ámbito Familiar con participación de representantes de todas las instituciones públicas. Charlas informativas en Centros de enseñanza, Ayuntamientos, Universidades, colegios de profesionales..., en el ámbito nuestro de actuación.

* **Trabas que hemos encontrado**

Una cuestión en la que coincidimos con otras asociaciones es que no podemos eludir, el daño que hace al colectivo al que pertenecemos, el intrusismo que existe por parte de personas o entidades que usurpan en muchas ocasiones nuestra labor ante las administraciones y representantes públicos. Del mismo modo causan un grave perjuicio a las personas afectadas.

2. ASOCIACIÓN DE VÍCTIMAS DE LA LEY DE VIOLENCIA DE GÉNERO, "AVILEGEN" PRESIDENTE DÑA. INMACULADA OCAÑA DE VALDIVIA

2.1. Inicios

La Asociación de Víctimas de la Ley de Violencia de Género, "AVILEGEN", registrada en 2011, nace para dar respuesta, asesorar y atender a todas las personas que sufren el efecto perverso que las políticas sociales provocan cuando surge la ruptura entre las parejas en España. Durante estos años de experiencia hemos detectado que estas políticas, en muchos casos, llegan a ser ineficaces y no hacen más que aumentar y prolongar el conflicto. En algunos casos empeoran tanto que hacen que la situación se haga crónica. Muchas de estas familias rotas sufren el mal funcionamiento de la administración pública que las mantienen dando tumbos entre asuntos sociales, equipos psicosociales y juzgados de familia y en algunos casos en los juzgados de violencia de género.

Más tarde formamos parte de la Federación Andaluza para la Defensa de la Igualdad Efectiva, FADIE, ya que no sólo nos ocupábamos de los efectos perversos causados por esta ley sexista y discriminatoria, sino que hemos llegado a atender todo tipo de violencia en el ámbito familiar. Desde esta perspectiva trabajamos con todos los miembros de la familia, sin dejar de atender ni discriminar a nadie por su sexo.

2.2. Principales fines como Asociación

1. Impulsar el cambio social promoviendo la igualdad entre sexos en todos los ámbitos sociales, especialmente en el ámbito legal y jurídico y divulgando los principios de igualdad ante la ley penal y presunción de inocencia para cualquier persona independiente del sexo.
2. Vigilar que las llamadas políticas de género sean realmente igualitarias, aplicables a ambos sexos y que no discriminen ni al varón ni a la mujer.
3. Exigir que se persigan de oficio las falsas denuncias en materia de maltrato y exigir igualmente la modificación de las leyes procésales que impiden que hasta el momento sean perseguidas.

4. Exigir las ayudas económicas derivadas de las políticas de género se apliquen con igualdad tanto en el caso de mujeres como varones.
5. Promocionar toda clase de actividades sociales, culturales, deportivas y recreativas, que sirvan para mejorar la igualdad entre varones y mujeres especialmente en el ámbito familiar.
6. Impulsar cambios legislativos dirigidos a promover la igualdad entre sexos especialmente en el ámbito familiar.
7. La protección y bienestar del menor en los procesos y casos de separación y/o divorcio de sus progenitores.
8. La obtención de la igualdad real ante los Tribunales de Justicia de ambos progenitores para que les sea confiada la guarda y custodia de los hijos e hijas.
9. La prosecución hacia una igualdad entre sexos en los derechos y deberes para con los hijos e hijas habidos durante la relación de pareja de hecho y/o matrimonial, ora durante la relación de pareja o matrimonial, ora cuando se produzca la separación, legal o no, de la relación de pareja.
10. La no alteración de los derechos de los hijos e hijas a una normal convivencia con sus progenitores, en los casos de separación de parejas de hecho, separación conyugal, nulidad o divorcio.
11. La prestación de asesoramiento y ayuda judicial a los progenitores en los casos de separación de la pareja con los hijos e hijas, sean estos matrimoniales o no.
12. La prestación de ayuda psicológica o psiquiátrica para los menores y/o a los progenitores, antes, durante y después de los trámites judiciales pertinentes.
13. Promover la educación y transmisión de los valores sociales, dentro de los principios de equidad, igualdad efectiva y justicia, elevando a los poderes públicos las mociones y sugerencias que fueran necesarias.
14. Colaborar con las autoridades competentes, a establecer y mantener en condiciones igualitarias, las relaciones maternas y paterno-filiales y a rechazar cualquier tipo de discriminación, venga de donde venga, que pueda afectar a los asociados y familiares.
15. Realizar todo tipo de convenios y colaboraciones con entidades públicas y privadas.
16. Organizar, participar e intervenir en cursos, conferencias, congresos, simposios y actividades similares, relacionados con los fines principales de la Federación.
17. Adherirse o incorporarse a otras organizaciones siempre y cuando estas defiendan los mismos objetivos que la Federación.

18. Promover la creación de otras asociaciones, federaciones o confederaciones.
19. Promover acciones eficaces a fin de garantizar los intereses de las diferentes Asociaciones, dentro de la legislación vigente.
20. Fomentar y promover la ley de custodia compartida.

3. TRABAS QUE NOS HEMOS ENCONTRADO

Una cuestión que no podemos obviar es el intrusismo que nos hemos encontrado durante estos años en este colectivo ya que en algunas ocasiones usurpar el trabajo de otros provoca mucho daño.

El mayor escollo que tenemos es la difusión en los medios de comunicación, ya que ellos suelen publicar lo políticamente correcto, dejando sin el otro punto de vista de la noticia. Nos informan continuamente de noticias negativas respecto a la custodia por parte de los padres varones, llegando a crear un rechazo a esta por parte de la sociedad.

> "Más vale ser vencido diciendo la verdad, que triunfar por la mentira" Mahatma Gandhi

4. CONCLUSIONES DE LAS ASOCIACIONES PERTENECIENTES A FADIE

Nuestras asociaciones han conseguido durante estos años reconducir la situación de muchas familias, cuando estas se encuentran inmersas en una separación conflictiva hacia una ruptura sin traumas.

El concienciar a la ciudadanía de que el hombre también sufre en todo el proceso de ruptura de la pareja, ha sido uno de nuestros grandes logros.

Consideramos que tras más de más de diez años del nacimiento de la LIVG, esta no ha dado los resultados esperados, además se ha ocasionado un daño colateral muy importante tanto en los menores, como en los hombres y mujeres que han sido víctimas de una ley abusiva, discriminatoria y sexista. No se puede consentir que por el mero hecho de ser mujer se nos tenga que tutelar y proteger como si no fuéramos capaces de defendernos por nosotras mismas.

Por otro lado nos encontramos en el lugar de esas mujeres que un día le aconsejaron que apartaran al padre de sus hijos porque se les prestaría una ayuda económica. Una ayuda que con el tiempo se vuelve en contra de ellas. Ya que al no poder compartir la responsabilidad de la educación y la crianza de sus hijos se quedan al frente de todo, solo con la ayuda que pronto termina y con la pensión de alimentos que se termina cuando los menores se emancipan. Con este paisaje solo cabe decir que se vuelve a perpetuar el rol de madre cuidadora y padre proveedor. A estas mujeres se les impide que puedan optar a un empleo y posiblemente a poder acceder a puestos directivos en las empresas.

A lo largo de estos años nuestras asociaciones han atendido a miles de personas que han acudido a nosotros ya que ni las administraciones públicas ni el personal de asuntos sociales de estas administraciones, en algunos casos, le hayan solucionado nada, sino que al contrario han hecho que la situación se vuelva crónica.

Aunque en principio solo atendíamos a personas que venían afectadas por las leyes de género, con denuncias sin base ninguna, divorcios contenciosos, custodias exclusivas, etc., ahora atendemos además a víctimas de violencia en el ámbito familiar. Llevamos más de un 80% de hombres maltratados, más de un 10% de mujeres y el resto son menores. Como contrapunto, atendemos también a todas las personas que componen el ámbito familiar no podemos intervenir sin que veamos la situación real de una familia sin estudiar a todos los miembros del núcleo familiar.

Somos de la opinión que en muchos de los casos la falsa denuncia hacia los hombres viene como punto final de años de maltrato psíquico que ha sufrido el varón por parte de su pareja. La mujer después de haber mantenido una relación de poder dentro de la pareja y verse abandonada no puede soportar esta situación y entonces utiliza la denuncia o denuncias para seguir manteniendo su control sobre la vida del otro. Además tiene otras connotaciones sobre el hombre a este lo señala ante la sociedad como un maltratador, lo estigmatiza de tal forma que en muchas ocasiones no es capaz de soportar la situación y acuden a la única vía de escape que encuentran en su mano que es la del suicidio. (Más de 25.000 hombres se han suicidado en España desde la Ley de violencia 'de género'; el 77% del total (el restante 23%, mujeres), Datos del INE, Defunciones según la Causa de Muerte 1999-2012, Suicidios. Resultados Nacionales.

A lo largo de este tiempo y en atención directa con nuestros socios hemos podido comprobar cómo los menores son utilizados como arma arrojadiza por uno de los progenitores. Y como en demasiados casos se denuncia abusos sexuales por parte de sus padres sin base ninguna. A esto le llamamos la bala de plata, además del escarnio público que reciben estos progenitores durante el proceso, los menores pasan por un verdadero calvario, siendo estos a los que supuestamente quieren defender y proteger. Consultas médicas, exploraciones, etc.

En demasiados casos hemos recibido las quejas de padres que tenían que llevar la sentencia de divorcio al colegio para atestiguar la situación actual de su familia y se han visto estigmatizado porque en el membrete de ella venia puesto

Juzgado de Violencia sobre la Mujer. Aun cuando su causa se había archivado por diversas causas o han salido absueltos. A nadie le gustaría que le tacharan de ningún delito no teniendo una sentencia firme que lo avale.

En la actualidad en España se concede la custodia exclusiva a la madre en el 75% de los casos, al padre 5% y custodia compartida en 21%, según los datos del INE del año 2014. Como podemos ver, estos datos no corresponden a un país progresista, avanzado y que apuesta por la igualdad y se pone de manifiesto que las políticas sociales en donde se invierte mucho dinero del erario público, no están siendo efectivas ni se está logrando un equilibrio entre ambos padres a la hora de participar en la educación y crianza de los hijos.

Nuestra colaboración con otras asociaciones hace posible que atendamos con un criterio común a nuestros socios. Además le ofrecemos esta atención en cualquiera de las provincias andaluzas si nuestros socios se desplazan de una a otra.

Conseguimos con esta labor de equipo que nuestras reivindicaciones no entren en saco roto y sean tenidas en cuenta por en las Instituciones Públicas.

> "No me duelen los actos de la gente mala, me duele la indiferencia de la gente buena" Martin Luther King

5. DECLARACIÓN DE OBJETIVOS DE FADIE

Somos un grupo de mujeres y hombres, que queremos y creemos en una Igualdad Real y Efectiva, en la participación plena de la crianza de nuestros hijos/as, y con la convicción de que sólo lo conseguiremos trabajando todos juntos. Luchamos contra cualquier forma de discriminación legal y social fundada en la variable del sexo. Combatimos el sexismo en todas sus manifestaciones y sentidos, tanto en el ámbito privado como en el público.

Nuestra principal preocupación es que esta discriminación afecta a los niños, a nuestros hijos/as, y se pone de manifiesto en los procesos de separación y divorcio. Aunque la actual legislación (internacional ratificada por España, nacional e inclusive de nuestras leyes forales) y el Tribunal Supremo, abogan por el establecimiento de la custodia compartida como garante del interés superior del menor para relacionarse en igualdad con ambos progenitores, y siendo esta norma legal la más idónea como el mejor de los sistemas posibles para equiparar las relaciones paternos-maternos/filiales. Como así lo recoge la Convención sobre los Derechos del Niño de la ONU, ratificada por España en 1990 y el espíritu de la Ley 15/2005, de 8 de julio, por la que se modifica el Código Civil y Ley de Enjuiciamiento Civil en materia de separación y divorcio cuando fue aprobada. ¿Por qué es tan complicado que se reconozca en los Juzgados y Tribunales españoles el verdadero interés que no es otro que el que los niños y esa igualdad de los padres en su crianza en este tipo de procesos?

La custodia compartida es la conjugación de un derecho (del menor) y unas obligaciones (de los progenitores) en el sentido que los niños y niñas poseen el derecho inalienable a ser cuidados y criados de forma equilibrada y continua por ambos progenitores y sus familias extensas, quienes son, las figuras de apego más importantes para desarrollarse de forma óptima, como ciudadanos, y la obligación que tienen los progenitores de compartir dicho cuidado, atención y crianza.

Las ventajas que en opinión de las personas expertas en este tema apuntan:

— *Son evidentes para los hijos*: la posibilidad de disfrutar de la presencia de ambos progenitores, que es el modelo de convivencia que más se acerca a los vínculos de apego de los hijos durante la relación familiar; se evitan sentimientos negativos, interferencias parentales en los menores (miedo al abandono, conflictos de lealtad, sentimiento de negación, suplantación); se fomenta una actitud más abierta de los hijos hacia la separación de los progenitores que permite una mayor aceptación de la nueva situación de ruptura; se evita que se materialicen en los menores síndromes psicológicos adaptativos y preocupantes tales como el Síndrome de Alienación Parental (SAP), el de la falsa memoria, los trastornos de conducta escolar, familiar, alimenticia, etc. La aparición de la violencia en el ámbito familiar, o intrafamiliar, falta de control de la ira, o no aceptación de valores tales como la autoridad y la capacidad de frustración, etc.

— *Pero también para los padres*: se les garantiza la posibilidad de seguir ejerciendo de forma responsable sus obligaciones inherentes a la potestad o responsabilidad parental y de participar de forma cooperativa, equilibrada e igualitaria las funciones en el desarrollo y crianza de los hijos; se consigue una mayor concienciación de ambos en la necesidad de contribuir a los gastos de los hijos; no se cuestiona la idoneidad de ninguno de los progenitores; hay una equiparación de tiempo libre en ambos tanto para su vida personal como profesional; se evitan dinámicas de dependencia en la relación con los hijos, pues muchas veces el sentimiento de vacío, dolor y soledad que produce una separaciones se tiende a suplir con la compañía del hijo que se convierte en la única razón de vivir, convirtiendo una relación y vinculación positiva y saludable en otra de tipo enfermizo y patológico; los progenitores han de cooperar, por lo que se favorecen la adopción de acuerdos, lo que se convierte, asimismo, en un modelo educativo asertivo para el menor. De hecho todos los estudios que hay avalados de forma científica sobre la custodia compartida, precisan que esta favorece la cooperación, y no a la inversa.

En todo caso, en estos tiempos de lucha por la igualdad de trato entre hombres y mujeres, no es comprensible que la ley niegue sistemáticamente una reivindicación de las mujeres occidentales de los últimos 30 años, que los hombres colaboren al 50% en las tareas del hogar y en el cuidado y atención de los hijos, la corresponsabilidad.

La ruptura del matrimonio no puede ni tiene que suponer la ruptura de la vida de los hijos con sus dos progenitores. La ruptura de la pareja una vez consumada, supone una oportunidad de mejoramiento para la vida de los menores, en el sentido de que tendrán la oportunidad de convivir en dos modelos familiares complementarios, necesarios y compartidos, los dos nuevos hogares, que enriquecen a los menores al ofrecerles dos visiones personales de la vida diferentes, siguiendo la máxima de que las diferencias nos enriquecen. En estos procesos judiciales, los derechos de los menores se pierden frente a los intereses personales de sus progenitores, violándose así los derechos que los niños tienen a una familia. Desgraciadamente, vemos en la mayoría de los casos, como los menores son usados como una simple 'moneda de cambio', ya que se les priva de una parte de su familia, generalmente su padre y la familia paterna, según datos del CGPJ. Estos hechos van a marcar de por vida a estos niños y niñas, que van a crecer sin el referente de uno de sus dos progenitores. Las consecuencias de este hecho son muy graves y las estamos viendo ya en nuestra sociedad.

Así, estudios realizados por diversas instituciones norteamericanas, públicas y privadas, señalan que, frente a un niño que conserva el contacto y la relación con su padre, un niño crecido sin padre es:

- 5 veces más propenso a cometer suicidio,
- 32 veces más propenso a irse de casa,
- 20 veces más propenso a tener desordenes de conducta,
- 14 veces más propenso a cometer actos de precocidad y abuso sexual,
- 9 veces más propenso a abandonar los estudios,
- 10 veces más propenso a abusar de substancias químicas y drogas,
- 9 veces más propenso a acabar en una institución estatal,
- 20 veces más propenso a acabar en prisión[27].

Tendríamos que darnos cuenta de que algo de lo que estamos haciendo no se está haciendo bien. En tal sentido, desde nuestra Federación FADIE y de todas sus

[27] Fuentes: - Center for Disease Control, - U.S. D.H.H.S., Bureau of the Census, - National Principals Association Report on the State of High Schools, - Rainbows for all God's Children, - U.S. Departament of Health and Human Services, Bureau of the Census, - Criminal Justice & Behavior, Vol 14, p. 403-26, 1978, - U.S. Dept. of Justice, Special Report, Sept 1988, - Fulton Co. Georgia jail populations, Texas Dept. of Corrections 1992.

Asociaciones inscritas, promovemos e impulsamos la igualdad de las personas sin discriminación por sexo y la igualdad de todos los niños (de todo tipo de familias) que viven en España a ser criados por sus progenitores, divulgando el modelo de corresponsabilidad parental como la mejor forma para la crianza de los hijos, estén o no separados los progenitores. Todo esto se enmarca en un modelo de paternidad y maternidad responsable.

Por todo lo anterior, nuestros objetivos son los siguientes:

1. Una profunda reforma de la Ley de Divorcio de 2005 que:

1.1. Establezca la custodia compartida como régimen preferente de custodia, aún en procesos contenciosos y desde el mismo momento de las medidas cautelares y/o provisionales, por ser éste un derecho fundamental de *todos los menores*. La custodia compartida ha de entenderse como un conjunto de responsabilidades y obligaciones de los progenitores para con los menores, así como un derecho fundamental de éstos, cuyo ejercicio debe continuar tras la ruptura y dejando la custodia monoparental exclusiva sólo para casos excepcionales y debidamente justificados, armonizando la regulación legal de la misma en toda España para garantizar la igualdad de derechos de todos los ciudadanos, preservando el principio del interés superior del menor a continuar su vida cotidiana y su educación con ambos progenitores y con sus respectivas familias.

1.2. Contribuya a abreviar y reducir la litigiosidad de las rupturas (evitando de esta forma que los menores sean los sujetos receptores del conflicto), estableciendo un plazo máximo *de un año* para la liquidación de la sociedad de bienes gananciales de la pareja y desvinculando el uso de la vivienda familiar de la custodia de los hijos. Asimismo establecer como requisito indispensable para la admisión de una demanda, la propuesta de plan de crianza que recoja los siguientes puntos a desarrollar como mínimo:

a) División y reparto de los bienes de la pareja.
b) Propuesta de reparto de tiempos de convivencia de los hijos con cada progenitor.
c) Propuesta de reparto de las tareas en todos los órdenes relativas a los hijos, comunes y no comunes. Forma de tomar decisión es futura.
d) Propuesta relacional con familia extensa de los hijos.
e) Propuesta económica de sostenimiento de las dos viviendas.
f) Propuesta económica de contribución de cada progenitor al sostenimiento de los gastos de los hijos, comunes o no.
g) Forma de resolver y dirimir las futuras desavenencias.

2. Respetar, en nombre del interés superior de *los menores*, el derecho a la familia que tiene el menor. Las previsiones de la Carta Europea de los Derechos del Niño según la cual todo niño tiene derecho a gozar de sus *progenitores*, que tienen una responsabilidad conjunta en su desarrollo y educación, y en caso de separación de hecho, legal, divorcio o nulidad, tiene derecho a mantener contacto directo y permanente con ambos *de forma alterna e igualitaria en cuanto a tiempos y espacios a compartir*, y la Convención sobre los Derechos del Niño de Naciones Unidas, que obliga a los Estados a respetar el derecho del menor a mantener relaciones personales y contacto directo con ambos *progenitores* de modo regular, salvo por interés superior de los menores.

3. Desarrollar un nuevo modelo mediación familiar, basado en el principio de igualdad de los ciudadanos, la presunción de inocencia y en el verdadero interés superior de los menores. Para eso es necesario que se produzca:

a) Una desvinculación de los centros de mediación de los poderes públicos. Entender la mediación como una profesión nueva, dentro de lo que es la libertad de empresa.
b) Establecer normas deontológicas de regulación de la mediación.
c) Establecer colegios profesionales de mediadores.
d) Establecer políticas dirigidas al fomento del dialogo en todos los ciudadanos.
e) Los mediadores podrán ser habilitados para elaborar planes de crianza de los hijos tras el divorcio.

3.1. Fomentar la corresponsabilidad en las tareas de atención familiar de mujeres y hombres mediante el desarrollo de los servicios sociales, en especial de las escuelas infantiles y la atención a la dependencia, y en las empresas de horarios laborales y servicios que faciliten la conciliación.

3.2. Despenalización de los asuntos civiles, así como la no automatización de las medidas cautelares, que corresponde dictar a los jueces cuando lo estimen oportuno.

3.3. Modificación de la Ley Integral de Medidas de Protección contra la Violencia de Género, para transformarla en una Ley contra la Violencia Intrafamiliar que garantice los derechos *fundamentales* tanto civiles como políticos y proteja a todos los miembros del entorno familiar, salvaguardando siempre el principio de presunción de inocencia y el principio de igualdad de todos los ciudadanos ante la Ley, reconvirtiendo los Juzgados de Violencia de Género en Juzgados Integrales de Familia y Juzgados de

Violencia Doméstica, éstos últimos, sin competencias civiles, y sin discriminación por razón de sexo.

3.4. Supresión de los juzgados especializados en violencia de género como tales, devolviendo al ámbito de la jurisdicción civil y penal estos asuntos y aprovechando la existencia de dichos juzgados y los medios personales y materiales con que cuentan para reforzar las necesidades de la planta judicial.

4. Homogeneización de las pruebas a menores en procesos de separación y de los protocolos de actuación para todos los especialistas con la finalidad de garantizar los mismos servicios a los usuarios en todo el territorio nacional, reformulando la función de los Equipos Psicosociales adscritos a los Juzgados de Familia hacia una actuación exclusivamente cuando haya incumplimiento de las obligaciones parentales, resoluciones judiciales o exista grave riesgo para los menores.

5. Endurecer la normativa legislativa que sanciona con medidas civiles y/o penales las conductas de obstrucción de la relación parento-filial, (manipulación de los hijos para que rechacen injustificadamente al otro progenitor, el incumplimiento de los regímenes de visitas, las denuncias espurias contra el otro progenitor y los cambios arbitrarios de residencia del menor llevados a cabo para reducir el contacto de los hijos con el progenitor no custodio, etc.). Establecer un sistema de cobro por vía de apremio administrativa de las pensiones que no se devenguen, desjudicializando este fenómeno actual.

6. Crear al menos un servicio de mediación familiar por cada partido judicial. Facultar al Juez para que, de forma preceptiva, dirija a las partes en litigio a conocer este servicio *privado (subvencionado y público solo en casos de justicia gratuita)* antes de iniciar la vía contenciosa, especialmente cuando haya menores. Facultarlo a su vez para que tenga conocimiento del estado de la mediación y los motivos por los que se renuncia a este servicio si así fuese. Realizar campañas institucionales de información y sensibilización para la población sobre los beneficios de la mediación familiar.

7. Trazar nuevas políticas de conciliación de la vida laboral y familiar que faciliten la aplicación de la custodia compartida, a fin de que las mujeres dejen de verse obligadas a renunciar a jornadas laborales por el cuidado exclusivo de los hijos.

7.1. Incentivos económicos y flexibilización laboral para todos aquellos progenitores que quieran aumentar su dedicación a la crianza de los hijos e hijas.

8. Facilidades de acceso al empleo.
    a) Equiparación de los permisos de paternidad y maternidad.
    b) Establecimiento de pisos puente para la transición.
    c) Apoyo a familias en crisis cuando uno de los progenitores represente un riesgo para los menores.
    d) Crear un Ministerio de Las Familias y Asuntos Sociales que desarrolle políticas de apoyo a las Familias *antes, durante y después* del divorcio (entre otros nuevos modelos familiares, como por ejemplo las familias homoparentales, familias monoparentales y monomarentales, familias de adopción y acogida, familias estructuradas y desestructuradas). Entre las políticas de apoyo familiar específicas para familias pos-divorcio destacamos:

8.1. Implantación de protocolos en las distintas administraciones (Educación, Sanidad, etc.) que contemplen todos los tipos de familia y garanticen el ejercicio compartido de los derechos y obligaciones inherentes a la patria potestad.

8.2. Ayudas económicas y facilidades en el acceso a la vivienda para que los hijos e hijas tengan también derecho, además de los propios progenitores, a una casa digna durante las estancias con cada uno de ellos.

8.3. Desgravación fiscal directa por los hijos para ambos progenitores, *en todos los casos de custodia compartida*, y equiparación, a efectos fiscales, de las pensiones de alimentos con las pensiones compensatorias, con idéntico tratamiento fiscal.

Por todo lo expuesto, porque creemos que estos objetivos sirven como base para la construcción de una sociedad más justa, con mejores perspectivas vitales para los que hoy son niños y niñas, que son el futuro de este país; es por lo que tras largas deliberaciones aprobamos plasmar este texto como *declaración de objetivos* de las Asociaciones integrantes de la Federación Andaluza para la Igualdad Efectiva "FADIE".

CAPÍTULO 10
LA CUSTODIA COMPARTIDA EN ESPAÑA, ASIGNATURA PENDIENTE

Diego de los Santos Parejo

calzaito@gmail.com

Miembro de la Plataforma Ciudadana por la Igualdad

1. INTRODUCCIÓN

El hecho de que en el año 2016 aún no exista en España un marco legal -una ley- para regular la aplicación igualitaria de la custodia compartida (en lo que sigue, CC), dejando su otorgamiento o denegación en manos de la arbitrariedad de los jueces, parece un anacronismo en una sociedad que presume de modernidad, y también de ser de punta de lanza en cuestiones de igualdad. Es como si no existiera una Ley del Divorcio, y fueran los jueces quienes decidieran todo según su propio criterio, sin un marco legal de referencia. Las leyes aprobadas por un Parlamento reflejan la voluntad política de cada momento histórico por regular aspectos diversos de la vida de los ciudadanos. Sin embargo, la ausencia de una ley española de custodia compartida no responde a un "olvido" o a una dejación política en un tema sin importancia, antes al contrario, como veremos. El resultado es que la aplicación de la custodia compartida sigue siendo hoy muy minoritaria en España, lo que contrasta con los inmensos cambios políticos y sociales acaecidos en la mayoría de los ámbitos.

Hasta hace poco tiempo las custodias compartidas suponían –como media nacional– no más de un 10% del total de custodias otorgadas en los procesos de separaciones y divorcios, la mayoría de ellas por mutuo acuerdo entre las partes, que era lo que venía imponiendo la jurisprudencia de acuerdo al carácter de excepcionalidad recogido en la norma. Lo más frecuente, con diferencia era, y sigue siendo, el otorgamiento de la custodia monoparental a la madre. Hay que resaltar la desigual distribución territorial de la custodia compartida, sobre todo por la existencia de legislaciones regionales dispares que conviven con el vacío legal a nivel nacional; esto añade, a la discriminación por sexo, una discriminación territorial. Por ejemplo, en la provincia de provincia de Granada (Andalucía no tiene ley propia de CC) año 2010 y en cifras absolutas: 29 custodias para el padre, 1020 custodias para la madre, y 58 custodias compartidas, poco más de 5% del total (Fernández, 2012).

La reciente presión social ha duplicado, como media, estas cifras, que siguen estando no obstante muy lejos de la igualdad. En torno al 21% de las custodias otorgadas fueron compartidas en España en 2014, aunque el 73% del total fueron aún monoparentales a favor de la mujer (INE, 2015). Como afirma Fernández (2012), en el caso de normas formalmente neutras (como la que nos ocupa), el Tribunal Constitucional (TC) afirma que para apreciar si la norma encubre o permite encubrir una discriminación contraria a la Constitución, debe atenderse "necesariamente a los datos revelados por la estadística." Por lo que, según el criterio del propio TC español, la discriminación por cuestión de sexo en la custodia compartida sería una evidencia tanto estadística como jurídica. Cabe también reseñar que la custodia lleva asociados beneficios materiales: el uso de la vivienda familiar hasta la emancipación de los hijos (sin límite temporal o edad legal) y la administración de las pensiones de alimento aportadas por el progenitor no custodio por parte del custodio, lo que extendería la discriminación más allá del derecho a relacionarse de forma paritaria con los hijos.

2. PLANTEAMIENTO DEL PROBLEMA

La escasa aplicación de la custodia compartida en España parece, a priori, una situación retrógrada y patriarcal, un anacronismo propio de la época en que se encargaba exclusivamente a las madres el cuidado de los hijos, según una estricta distribución de roles hoy ampliamente superada. Parece como si la custodia compartida hubiera quedado al margen de los inmensos cambios acaecidos en todos los ámbitos, y especialmente en el de la igualdad entre hombres y mujeres y el ejercicio de sus nuevos roles sociales en el ámbito laboral y social.

La custodia de los hijos aparece como un tema crucial en la vida de los ciudadanos tras las separaciones y divorcios, con fuertes connotaciones emocionales y afectivas, por lo que deben existir causas de enorme peso que expliquen la situación actual de "olvido" que padece. En la presente exposición trataremos de explicar las causas tanto de la aparente paradoja que supone la escasa aplicación actual de la custodia compartida en España (en un contexto de progresiva supresión de los tradicionales roles sexuales), como de la ausencia de una regulación legal específica en la materia.

No parece coherente con el actual contexto social y normativo, que el poder político no haya garantizado, hasta la fecha, la aplicación en régimen de igualdad de la custodia compartida. Tampoco el ejercicio de la misma como un avance indiscutible en el camino hacia la igualdad entre hombres y mujeres, para la ruptura definitiva de los roles tradicionales. Una dejación política grave por sus consecuencias, pues afecta a derechos fundamentales de las personas, tanto de los progenitores, como de los menores involucrados. Y que provoca una ingente e interminable sucesión de conflictos entre las partes.

3. DEFINICIÓN DEL CONTEXTO

a) Regulación actual

La custodia compartida se regula por el artículo 92.8 del Código Civil, que con la utilización del adverbio "excepcionalmente" limita de manera evidente su aplicación. Para la concesión de la custodia compartida se requería en general el consenso entre ambas partes, además de un informe favorable de la fiscalía, que hasta 2012 era vinculante, año en que el Tribunal Constitucional decidió que dejara de serlo. En caso de falta de acuerdo, y salvo causa de fuerza mayor, generalmente se le concede a la mujer, pudiéndose afirmar que la variable que determina en mayor medida la custodia es básicamente el sexo.

La regulación legal actual desemboca en la no aplicación paritaria de la custodia compartida; lo que colisiona objetivamente con el principio constitucional de igualdad y no discriminación. Y que colisiona también con la reiterada exigencia del movimiento feminista acerca de la conciliación familiar, un neo-término que hace referencia a que hombres y mujeres compartan en igualdad en los asuntos domésticos, incluida la crianza de los hijos.

b) Anacronismo y conflicto en caso de ruptura familiar

Sin embargo, cuando llega la separación, parece que se retrotraen los avances conseguidos, y cada miembro de la pareja regresa al rol que, por su sexo, el patriarcado le asignaba: cuidadora de hijos y del hogar la mujer, proveedor de recursos, el varón. Solo el viejo papel protector masculino ha sido reemplazado por el Estado, que además lo obliga, bajo pena de cárcel, a proveer. En este contexto asimétrico, son frecuentes los abusos de una y otra parte, siendo lo más frecuente el impago de pensiones alimenticias por parte del varón (a menudo por escasa capacidad económica y exageradas pensiones destinadas a "mantener el nivel de vida de antes de la separación", obviando la deseconomía que toda separación supone), y la obstaculización de la relación de los menores con su padre, por parte de la mujer que ostenta la custodia.

4. PREMISAS

Vamos a enumerar brevemente los puntos de partida sobre los que desarrollaremos nuestro análisis acerca de la aplicación de la custodia compartida en España:

4.1. La Custodia Compartida ha quedado fuera del debate político durante la mayor parte de la democracia española

La custodia compartida ha estado fuera del debate político hasta hace relativamente muy poco tiempo. El primer anteproyecto de ley nacional de custodia compartida data de 2013 –35 años después de la Constitución– y fue promovido por el entonces ministro del PP Alberto Ruiz Gallardón. Hasta entonces, y al margen de leyes forales y regionales de custodia compartida (Cataluña, País Vasco, Valencia y Aragón) un debate político nacional sobre esta cuestión ha estado ausente. El hecho de que las CCAA con competencias en la materia hayan avanzado –generalmente con gobiernos del PP– en la aplicación preferente –y por tanto igualitaria– de la custodia compartida es un tema interesante a analizar, pues el propio PP ha sido incapaz de implantar algo parecido en forma de ley nacional. A la fecha de este trabajo, a mediados de 2016, la custodia compartida continúa inexplicablemente siendo una asignatura pendiente en España.

4.2. La regulación legal de la Custodia Compartida en España posee fuertes implicaciones ideológicas y políticas

No es un mero asunto de derecho civil, sino que afecta a la esfera emocional-afectiva de la población y, como tal, es susceptible de una intensa utilización política: es decir, habría mucha gente dispuesta a decidir su voto en función de esta materia concreta. Se encuadra, como veremos, en la políticamente preformada "guerra de sexos"; es decir, en el preformado enfrentamiento entre hombres y mujeres, que ha venido a cubrir el vacío ideológico dejado por la "lucha de clases" tras la caída del muro de Berlín. Es decir, la custodia compartida es una cuestión ideológica y emocional, y por lo tanto intensamente politizada en España.

4.3. Existe un movimiento feminista "oficial" íntimamente ligado a la política

Financiado directa y generosamente por los gobiernos de uno y otro signo. Este movimiento posee un teórico poder de "chantaje político" muy fuerte, pues se le presupone la capacidad de dirigir el voto femenino en una u otra dirección según los partidos respondan o no a sus reivindicaciones. El movimiento feminista surge en España desde la izquierda política, se vincula más estrechamente a la izquierda y, en general, trata de canalizar el voto femenino-feminista hacia los partidos de izquierda que siguen al pie de la letra sus exigencias.

4.4. El feminismo "oficial" ha conseguido la "transversalidad política" de sus reivindicaciones.

Que todas las fuerzas políticas asuman dichas reivindicaciones, lo que en un régimen bipartidista *de facto* se limitaba a dos formaciones, PSOE y PP. El PP, inicialmente proclive a la custodia compartida (como demostró en sus legislaciones autonómicas) sucumbió finalmente, y optó por la sumisión ideológica hacia el feminismo, por motivos puramente electoralistas. Sobre todo desde que en 2004 asumiera la radicalización del feminismo promovida por el gobierno de Rodríguez Zapatero. El PP se opuso entonces con vehemencia en el Senado a la tramitación de la Ley de Violencia de Género (Ley 1/2004) promovida por el gobierno ZP, por considerarla inconstitucional, pero terminaron votando a favor de la misma en el Congreso. Creo que éste fue el punto de inflexión en el que el PP claudicó al chantaje del feminismo de la izquierda. El feminismo entra, pues, en los partidos políticos de derecha e izquierda; algo posible no solo por el electoralismo asociado –atraer al voto femenino–, sino también porque los extremos se tocan: el patriarcado tradicional de la derecha y el feminismo radical de la izquierda tienen demasiadas cosas en común.

Hoy, a pesar de un abanico parlamentario mucho más amplio, el feminismo se ha extendido –salvo en cuestiones muy puntuales– a las dos formaciones emergentes más importantes –*Ciudadanos* y *Podemos*–, y sólo queda excluido de formaciones minoritarias sin representación parlamentaria actual (Upyd, VOX y CDS).

4.5. El feminismo "oficial" se ha manifestado radicalmente en contra de la custodia compartida

Mientras la custodia compartida estuvo fuera del debate político, el feminismo no se manifestó de forma expresa al respecto con demasiada contundencia. Pero en cuanto se vislumbró dicho debate, la respuesta feminista no se hizo esperar. En enero de 2015, medio centenar de organizaciones feministas (encabezadas por las más representativas y más financiadas, como *Themis*, *Mujeres Progresistas*, *Fundación Mujer* o *Federación de Asociaciones de Mujeres Separadas y Divorciadas*) pidieron la retirada del anteproyecto de ley de custodia compartida. Ana Mª Pérez del Campo (de la mencionada *FAMSD*) acusó al ministro de Justicia Rafael

Catalá de hacer una "broma pesada" por querer regular la custodia compartida. Algo parecido a lo que ocurre con la prostitución en España, que se mantiene en un vacío legal -mucho mayor aún que la custodia compartida- por la hipocresía política ligada al electoralismo feminista.

4.6. Hay un movimiento social relativamente reciente de padres por la Custodia Compartida

Desde principios del siglo XXI existe un movimiento social de padres -no subvencionado- que solicitan una regulación legal de la custodia compartida como opción preferente. Desde 2004/2005, este movimiento denuncia las injusticias no sólo en relación a la custodia compartida, sino también las generadas por la aplicación de la Ley Integral de Violencia de Género (Ley 1/2004). Por lo que unos de los efectos colaterales de esta ley ha sido, sin duda, el de espolear el movimiento contra-feminista, podríamos decir, de los padres separados que reivindican sus derechos.

5. HIPÓTESIS DE TRABAJO

Mi hipótesis para explicar la escasa aplicación de la custodia compartida en España es que el movimiento feminista "oficial" ha impedido de forma activa que los partidos políticos legislen al respecto, pues la regulación actual favorece "de facto" a la mujer. La ausencia de una ley nacional de custodia compartida es consecuencia directa de la presión "transversal" del feminismo sobre los partidos políticos. La presencia feminista, no obstante, no se limita a los partidos políticos, sino que por mediación de éstos abarca los principales órganos del Estado, sean estos de carácter judicial (Consejo General del Poder Judicial, Tribunal Supremo, Tribunal Constitucional) o políticos (Congreso, Senado, Consejo de Estado), así como los altos cargos de la administración competente en la materia; y desde todos ellos ejerce el feminismo oficial su clara oposición a la implantación de la custodia compartida en España. Podemos hablar pues de un "lobby" feminista imbricado en las principales estructuras de poder, además de en los medios de comunicación dominantes, que presionan de manera coordinada, también en contra de la extensión de la custodia compartida como opción preferente.

La desregulación de esta materia supone, pues, una omisión política e institucional deliberada, fruto de la incapacidad política para contradecir a las fuerzas feministas que se oponen activamente al establecimiento de la custodia compartida. Lo que indica, en contra de sus declaraciones por la igualdad y por la no discriminación sexista, que el feminismo español del siglo XXI no reivindica la igualdad real ni la ruptura de los roles patriarcales. Esta aparente contradicción ontológica del feminismo entre su discurso y sus acciones, sin embargo, no encierra en realidad contradicción alguna; tan solo es producto de un doble discurso que persigue el mimetismo y el engaño premeditado para mostrarse coherente con la ética social.

6. ANÁLISIS DEL PROBLEMA

6.1. El feminismo del siglo XX y la política

a) De la Igualdad a la "discriminación positiva"

Siguiendo a Diego De los Santos López (2010), el feminismo igualitario original -el que defiende la igualdad entre hombre y mujeres, según el diccionario de la Real Academia- se integró en los partidos políticos desde la Transición política española, en una alianza que persigue la captación de voto femenino para los partidos a cambio de mejoras legales para la mujer cuando éstos llegaran al poder. De este modo todas las reivindicaciones feministas se fueron convirtiendo primero en reivindicaciones políticas, y luego en realidades legales que nos afectan a todos.

Este feminismo original derivó, desde 1982, en el feminismo de la "discriminación positiva" de la etapa socialista, donde se vislumbra ya su verdadera naturaleza en contra de la igualdad. No bastaba la igualdad, si podían conseguirse privilegios, con la falsa justificación de la "ley del péndulo", o el desagravio histórico, entre otras. Para entender la situación actual debemos observar el doble discurso feminista que ya se manifestaba entonces: el de las palabras y el de los hechos. Por ejemplo durante la etapa socialista se mantuvo el servicio militar obligatorio solo para los varones. La mujer fue admitida en el ejército como militar profesional, dándose la paradoja de que una mujer podría tener el mando sobre una tropa de reclutamiento forzoso formada en exclusiva por varones. La llamada prestación Social Sustitutoria de los años 80 y 90, de carácter social, se implantó también exclusivamente para los varones. Asimismo, se pedía ya la corresponsabilidad familiar, pero no se planteó no ya igualar, sino ni siquiera equilibrar los permisos de maternidad y paternidad. En el fondo, este feminismo quería mantener al varón dentro de su rol machista, y que solo la mujer se emancipara de las cargas que dicho rol le imponía. De origen socialista, esta reivindicación de "discriminación positiva" fue asumida íntegramente por el Partido Popular.

b) De la desigualdad a la discriminación

Este feminismo ha actuado como una mera continuación -aunque sesgada- del patriarcado, que en vez de la Igualdad constitucional aspira a una situación de privilegio para la mujer. En 2016 tres padres se han querellado contra la Seguridad Social por discriminación sexista, exigiendo permisos de paternidad equivalentes a los de maternidad (ABC, 16-03-2016, pgn 51), lo que evidencia una dejación política crónica también en esta materia relacionada con la custodia de hijos menores. El mecanismo para conseguir estos privilegios fue la burda intrusión del feminismo en los partidos políticos, para catalizar el voto femenino que constituye el cincuenta y dos por ciento del electorado; enmascarando sus pretensiones sexistas con un supuesto mensaje igualitario. Parece una paradoja que el feminismo de la igualdad no tuviera en la custodia compartida uno sus principales objetivos, por razones obvias de congruencia con la igualdad, con la ruptura de los roles tradicionales, y con el fomento de oportunidades laborales y afectivas para la mujer tras el divorcio o la separación. Pero lo cierto es que siempre se manifestó en contra de la custodia compartida, un tema tabú en esos años, cuando los varones educados en el machismo aún no se atrevían siquiera a reclamar la igualdad.

6.2. Radicalización feminista del siglo XXI

Desde 2004, con Zapatero, aparece el feminismo radical o "de género", que "supera" la etapa de "discriminación positiva" con la criminalización al varón por el hecho de serlo. La primera ley del gobierno ZP de 28 de diciembre de 2004, denominada Ley de Violencia de Género inicia esta etapa, estableciendo por primera vez en la historia contemporánea de las democracias occidentales una diferenciación legal por cuestión de sexo. Algo a todas luces, y en opinión de muchos expertos (incluido el informe del CGPJ de entonces) inconstitucional, por más que un Tribunal Constitucional altamente politizado la refrendara por 7 votos contra 5. Se iniciaba con esta ley una etapa enormemente regresiva a mi entender, con graves consecuencias individuales –la criminalización de inocentes– y sociales –entre otras, la contribución al crack demográfico actual–, regresión que persiste en la actualidad; y que tiene un impacto directo también sobre la aplicación de la custodia compartida.

"Género" es la palabra clave de esta etapa, una palabra en base a la cual se legisla, pero sin haber establecido previamente una definición exacta y unívoca de la misma. Antes de la Ley, "género" significaba literalmente según el diccionario de la RAEE bien un *Conjunto de seres que tienen uno o varios caracteres comunes* (por ejemplo "género humano), o bien en Gramática, *Clase a la que pertenece un nombre sustantivo o un pronombre, por concertar con él una forma determinada del adjetivo o el pronombre. En lenguas indoeuropeas estas formas son tres: masculino, femenino y neutro.* La Ley de Violencia cogió género y sustituyó el sexo para saltarse la Constitución, en un *birlí birloque* lingüístico que a mi entender hubiera sido motivo de nulidad de la ley. En la práctica legal, "género" es un eufemismo de "mujer", que se aplicó para burlar en aparente fraude de ley el artículo 14 de la Constitución, relativo a la igualdad ante la ley de todos los españoles sin discriminación por cuestión de sexo, entre otras entre las que no se incluye el eufemismo "género".

Esta Ley de Violencia de Género impide, de facto, la custodia compartida, pues la apertura del proceso penal la paraliza, y la condena la impide. Desde entonces no ha parado la radicalización feminista –y por lo tanto política– contra la custodia compartida, basada precisamente en esta violencia "de género". La absurda integración de los menores en la "violencia de género" (violencia que por su propia definición legal solo puede ejercerse contra mujeres) lleva implícito el prejuicio de que los menores son una prolongación de sus madres, excluyendo al progenitor masculino de una relación con sus hijos en igualdad de condiciones, por mera cuestión de sexo.

El feminismo radical post ZP es una expresión actual, grotesca y parcial, del patriarcado: contrario a la custodia compartida, contra la regulación del vientre de alquiler, contra la igualdad constitucional ante la ley. Rol de victimización permanente de la mujer, y la criminalización del varón por el hecho de serlo.

6.3. Política actual y custodia compartida

El poder político debería ser el garante de que los principios inspiradores del Estado de Derecho se reflejen en la aplicación de la custodia compartida. En este caso los principios fundamentales de:

a) Igualdad jurídica del hombre y la mujer ante la relación familiar y de pareja, y por extensión ante su disolución.
b) El derecho del menor a convivir con ambos progenitores, y el de éstos a convivir con sus hijos, en condiciones de igualdad.

Para eso se debería haber articulado expresamente una ley. La ausencia de una ley armónica con los principios de igualdad, permite actualmente una situación no solo anacrónica, sino injusta y sexista. Y se deberían también haber articulado mecanismos eficaces –como podría ser la mediación obligatoria– para impedir los conflictos derivados anteriormente descritos. Respecto al impago de pensiones alimenticias, fue tipificado como delito mucho antes que el incumplimiento del régimen de visitas. Sin embargo, acabamos de ver este mes de marzo de 2016 cómo el gobierno en funciones del PP ha indultado a una mujer que por reiterado incumplimiento de dicho régimen de visitas iba a ingresar en prisión. Sentando un insólito precedente, que nos pone sobre la pista de las debilidades del poder político frente al feminismo radicalizado y su chantaje electoral.

Los últimos estertores de oposición ideológica formal al feminismo radical se protagonizaron en 2012. El 19 de junio de 2012, el Congreso de los Diputados, a instancias de UPyD de acuerdo con el PP, y con el PSOE e IU en contra (207 votos a favor y 111 en contra) pidió al gobierno una reforma para lograr la "viabilidad de la custodia compartida impulsando la conciliación y atendiendo al interés del menor", debiendo entenderse este interés como "un derecho del menor a relacionarse con ambos progenitores". El entonces ministro de Justicia Alberto Ruiz Gallardón prometió ese mismo mes de junio presentar en 6 meses una reforma del artículo 92 del Código Civil para que la custodia compartida dejara de ser una excepción. Se hacía eco el ministro, parcialmente, de las demandas de los colectivos pro CC, proponiéndose legislar no para hacerla preferente, pero sí para favorecerla. Pero Gallardón estaba ya fuera de la corriente pragmática del PP, que finalmente daría prioridad al electoralismo frente a los principios del partido, lo que provocaría en última instancia la dimisión del propio Gallardón.

El primer anteproyecto al respecto del PP llegaría en 2013. El informe de Consejo General del Poder Judicial (CGPJ) a dicho anteproyecto fue ambiguo, afirmándose en el mismo que la custodia compartida puede originar "situaciones problemáticas". Y ya aconseja dicho informe prever la posibilidad de suprimir no solo el régimen de visitas, sino también la custodia compartida, si un progenitor es condenado por violencia doméstica o de género, lo que va especialmente en contra del varón, víctima propiciatoria de las denuncias "de género".

El julio de 2014 el Consejo de Ministros aprobó en anteproyecto de ley de custodia compartida para todo el territorio nacional, que entre otras cosas venía a homogenizar la dispar normativa existente en España al respecto, garantizando así la igualdad de derechos de los progenitores independientemente del lugar de residencia. En septiembre de ese mismo año el Consejo de Estado, en su informe no vinculante, se opuso frontalmente a la regulación de la custodia compartida como opción preferente.

El medio centenar de organizaciones feministas que solicitaron la retirada del anteproyecto de ley de CC en enero de 2015 se congregaron en la sede del PSOE de Ferraz, con la diputada socialista Carmen Montón como portavoz. Es obvio que la izquierda no quería perder el protagonismo político de las reivindicaciones feministas, por más anacrónicas que fueran éstas.

a) Situación actual

El posicionamiento de los partidos políticos era, en diciembre de 2015 (previamente a las elecciones generales de 2015) como sigue:

Tabla 1: posicionamiento de los partidos en relación a la CC:

En contra de la CC	Neutros	A favor de la CC
PSOE	PP	Ciudadanos
IU		UPyD (fuera del Congreso)
Podemos		VOX (fuera del Congreso)
		CDS (fuera del Congreso)

Fuente: Elaboración propia

El *PSOE* lideró la batalla mediática, y habló de rechazar la "custodia compartida impuesta" (se entiende por el juez), en un nuevo juego lingüístico para decir que se oponían a ella sin decirlo. Pedro Sánchez sacó un plus del 18% de voto femenino entre sus votantes en las elecciones generales de diciembre de 2015. El *PP* por su parte se limitó a no mencionar la custodia compartida en su programa electoral. Tras la forzada dimisión de su anterior ministro de Justicia, Alberto Ruiz Gallardón –por la cuestión del aborto– es posible que no quisiera echar otro pulso al feminismo, no fuera a ser que Rafael Catalá tuviera también que dimitir.

Podemos por su parte no mencionaba tampoco la custodia compartida en su programa, pero se comprometía a "integrar las reivindicaciones de los movimientos feministas", con lo cual todo quedaba dicho para quién supiera entenderlo. En noviembre de 2015, en San Fernando de Henares (Madrid) *Podemos* promocionó desde el ayuntamiento la charla "Custodia compartida, otra forma de violencia de género", impartida por la presidenta de *Themis*, por si quedaba alguna duda acerca de su posición y de su relación con el feminismo oficial.

La custodia compartida como "una forma de violencia de género" es, hasta la fecha, la última argumentación del colectivo feminista para oponerse frontalmente a su extensión en España. Y la Ley de Violencia de Género está mostrando, con su bloqueo a la custodia compartida, su función original, que no es otra que regular las separaciones y divorcios desde la desigualdad y a través de mecanismos criminalizadores que conducen al código penal. La criminalización de la vida conyugal, que caracterizó la última metamorfosis del feminismo, llega a su culmen en el momento de la ruptura familiar.

6.4. La justicia y la custodia compartida

Las Audiencias provinciales a menudo han exigido una buena relación entre los progenitores como criterio para otorgar la custodia compartida. De modo que al progenitor custodio le bastaría, si quiere seguir siéndolo, promover una mala o nula relación con su ex pareja. Según Ubierna (2013) el presidente de la Audiencia Provincial de Burgos afirmó en 2012 que dicha Audiencia no había señalado "ninguna custodia compartida en un procedimiento contencioso".

a) Feminización de la justicia y sesgo de género

El sesgo "de género" de la justicia puede ir más allá de la existencia de una ley y de unos juzgados "de género". Lo ejemplifica de manera dramática la recién creada *Asociación de Mujeres Juezas de España*, que prohíbe que haya hombres en sus estructuras, y ha sido denunciada por ello por la Asociación Europea de Abogados de Familia. Asociación de juristas que no respeta la ley (Ley Orgánica 1/2002, de 22 de Marzo reguladora del Derecho de Asociación), y que por su aparente sesgo ideológico parece representar lo contrario a la imparcialidad que debería presidir el ejercicio profesional de la justicia. Si añadimos que pronto casi el 70% de los jueces serán mujeres, y que en este delicado ámbito no se pide la paridad, podemos concluir sin temor a equivocarnos que el ejercicio profesional de la justicia corre el riego de alejarse cada vez más de lo que su definición entraña.

7. RESUMEN Y CONCLUSIONES

Podemos concluir que la custodia compartida es una cuestión política, y su desregulación un logro del feminismos radical, hoy instalado transversalmente en todos los partidos políticos con representación parlamentaria. No obstante la bolsa de votos de padres perjudicados en algún momento podría ser catalizada por alguna formación política, como hizo en su día *UPyD*; quizás *Ciudadanos* sea el único partido que está en condiciones de hacerlo. Debemos resaltar que la defensa del colectivo de padres y hombres maltratados institucionalmente por las leyes de género es una cuestión espinosa, por dos razones fundamentales:

— Es un colectivo desorganizado, sin una cabeza visible que dirija el voto.

— Es un colectivo sensible, al que el incumplimiento de las promesas electorales en las materias que les afectan produce un rechazo exacerbado. Probablemente UPyD sufrió electoralmente las disculpas públicas de Toni Cantó tras su denuncia de la existencia de denuncias falsas, y la desautorización de que fue objeto por parte de Rosa Díez. Desconozco si existe un estudio electoral, pero me aventura a decir que gran parte de este colectivo de afectados está en la abstención.

Hasta que al menos una fuerza del espectro político español con representación parlamentaria no asuma con claridad meridiana y sin ambigüedades las reivindicaciones del colectivo pro custodia compartida, no se avanzará en una legislación igualitaria en la materia.

Podemos concluir que la asignatura pendiente de la política española no es en realidad la regulación legal de la custodia compartida. La asignatura pendiente de nuestra política es el rescate de principios constitucionales clave –igualdad ante la ley, presunción de inocencia, etc.– hoy gravemente menoscabados por la demagogia política acumulada desde la transición española. La situación de la custodia compartida es una expresión más, entre muchas otras, del deterioro sufrido por los cimientos del estado de derecho, a causa –en palabras de José Luis Requena– de un derecho "líquido", que en vez de servir de límite a las actuaciones políticas, se convierte en coartada de las mismas.

8. BIBLIOGRAFÍA

ABC (2016), *Tres padres exigen permisos de paternidad de 16 semanas*, miércoles 16 de marzo de 2016, p. 51.

Fernández Cabanillas, Francisco J. (2012), *¿Hacia la custodia compartida?*, ¿Hay Derecho?, Diario de León, 29 de junio.

Fernández Ortiz, Ionana (2016) *La Asociación de Mujeres Juezas de España se salta la ley para discriminar a los hombres*, diario Actuall.es

INE (2015) *Estadísticas de nulidades Separaciones y divorcios Año 2014*, Madrid, Instituto Nacional de Estadística, en *http://www.ine.es/prensa/np927.pdf*

Santos López, Diego (2010) Las mujeres que no amaban a los hombres, Córdoba, Almuzara.

Ubierna, Gadea (2013), *Más divorcios y menos custodias compartidas*, Diario de Burgos.es.

Made in United States
Cleveland, OH
05 November 2026

47650889R00108